本书获“中国政法大学青年教师学术创新团队支持计划”的资助

地方政府融资效应及其风险防范

司海平

中国发展出版社
CHINA DEVELOPMENT PRESS

同时也要看到，随着我国城镇化率不断提高，各类软硬件基础设施逐步完善，固定资产投资的回报率不断降低，利用融资推动经济增长的模式，受到了边际投资回报率递减的制约。融资资金的使用效率在不断降低，单位资金投入所带来的 GDP 增加值也在不断下降，我国债务杠杆在不断攀升。尤其是 2008 年国际金融危机以来，我国地方政府借助城投平台进行融资，债务规模越来越大，风险不断累积。城投平台除了利用公开的城投债、银行信贷进行融资，还存在大量的非标类债务难以统计。

如何有效化解地方政府融资过程中的风险尤其是隐性债务风险，成为当前我国经济高质量发展道路上的重要任务。司海平博士的这本专著对我国地方政府融资在地方经济发展过程中所发挥的重要作用进行了系统性、学理性分析，并对有效化解地方政府融资过程中的风险进行了探讨，对于科学全面看待地方政府融资在我国经济社会发展中的作用有着重要的启示。当前和今后一段时间内，地方政府融资规范化、常态化，以及风险可控化，都将形成完整的制度体系，本书的出版也将有助于推动完善地方政府债务制度。

是为序。

魏建

山东大学中泰证券金融研究院教授、博士生导师

山东大学人文社科期刊社社长

山东大学学报（哲学社会科学版）主编

前 言

近年来，随着我国经济增速换挡、经济发展方式转变，叠加新冠疫情冲击，地方普遍面临了较大的财政压力和经济增长压力。而地方政府融资作为中国财政体制中的重要一环，为地方破解财政困境带来了机遇。近十几年来，地方政府融资在稳增长、促基建、保民生方面发挥了重要作用，既是我国实施财政政策、进行宏观调控的重要工具和手段，也是地方实施国家财政政策的有力保障。研究地方政府融资对城市发展的影响，对于完善政府治理机制、推动经济可持续发展有着重要的现实意义。

改革开放 40 多年来，中国经济的高速增长被看作一种“奇迹”。其中财政分权下的地方竞争构成了“中国奇迹”的重要制度背景，财政分权使得地方在资金使用方面拥有了更大的自主权，对地区发展产生了深远的影响。如何保证地方政府使用资金的可得性和有效性，成为财政分权改革过程中需要考虑的重要维度。2008 年国际金融危机爆发，中国政府为稳定宏观经济，出台了四万亿投资计划，其中的大部分资金由地方政府进行分配。在此背景下，地方债务规模迅速扩大，地方政府的可支配财力由此得到了扩充，使其有更充足的资金去进行城市建设与发展。地方政府融资大大缓解了地方财政压力，在促进经济发展和产业结构升级中发挥了重要作用，与此同时，地方政府融资过程中的风险也在不断积累集聚。党的二十大报告在充分肯定党和国家事业取得举世瞩目成就的同时，也指出防范金融风险还须解决许多重大问题。2023 年 2 月 16 日出版的《求是》杂志刊发习近平总书记的重要文章《当前经济工作的几个重大问题》，再次强调了要防范化解地方政府债务风险[①]。一方面，考察政府不同融资模式和债务

① 习近平：《当前经济工作的几个重大问题》，《求是》2023 年第 4 期。

投向如何促进城市发展，有利于探索地方政府财政压力下的财政体制改革方向。另一方面，从地方政府融资的角度审视地方政府在经济社会发展中的作用，可以更为准确地考察地方政府“有形之手”的效应。

首先，本书介绍了我国地方政府融资的背景和发展历程，并对地方政府融资度量方法进行了综述。其实，地方政府融资也是在不断试行与探索中推进的，并随着环境的变化，会不断出现新的问题，与此同时每个阶段都有适时的融资管理政策进行应对。本书从融资投向、融资类型考察了地方政府融资对于城市经济增长、产业结构升级的总体效应。融资可以使地方政府掌握更多的资金和手段，通过提高公共投资、吸引私人投资与扩大公共支出促进经济增长。而融资过程中举债的“风险”属性，使得地方债务积累速度呈现顺经济周期的特征，如果政府可以在经济波动中对融资的管理做出调控，那么地方政府融资可以成为“逆周期调节”的有效手段。中国地方政府的产业政策对产业发展和转型升级具有重要的引导调节作用，其作用的大小取决于地方政府的财政实力。地方政府融资能够改善地方政府实施产业政策的环境与条件，合理的融资模式和融资资金投向能够促进地区产业结构升级。

其次，本书从微观、宏观层面分析了地方政府融资对城市发展的影响机制。第一，地方政府能够利用融资获取更多资金投入基础设施建设，城市基础设施的完善提高了资源配置效率和产业空间活动的活跃性，进而驱动了产业结构的升级和经济发展，其中协调新型基础设施和传统基础设施的互补发展，是提高政府融资资金使用效率的关键。第二，地方政府融资可能会挤出私人信贷，加剧中小企业融资约束，从而不利于各部门产业产出效率的提升。发行城投债是融资平台向金融市场直接募集资金的融资方式，可以减少地方政府融资对民营企业信贷的负面影响。因此需要加快各地区融资平台向市场化的投资运营公司转型。第三，地方政府融资使地方政府可以充分发挥自身因势利导的作用，为建立产业园区、建设基础设施等提供充足资金，为人才集聚、企业创新提供优越的基础条件，有利于政府在克服创新外部性、协调解决困境等领域中发挥作用，推动地区创业创新和产业升级。但政府过多融资可能会造成金融市场资金紧张，企业融资成本上升，减少风险高、回报周期长的创新项目，导致整个地区创新能力下降。

最后，本书从金融、政府治理、土地收入等方面考察了地方政府融资过程中的风险。地方政府融资过快可能威胁到地方金融体系的安全，并且风险会通过金融机构、金融市场跨区域传染，进而触发系统性金融风险。为防范地方政府融资过快引发系统性风险，应积极化解存量债务风险、严格控制新增债务、阻断风险传导渠道。从政府治理方面看，地方政府融资资金能够有效地促进地方经济增长、调整城市产业结构、提高政府治理效能，但在信息不对称和监督困难的情况下，地方政府可能会忽视投资项目质量，造成资金使用效率低下。土地出让收入作为融资资金的主要偿还来源，与地方政府融资有着密切关系。土地市场、房地产市场的波动会直接影响地方政府的偿债能力，可能引发地方政府融资过程中风险的上升。为防止地方政府融资带来的各种风险，除了做好政府的债务管理，还应该从根本上破解地方政府的财政压力问题，积极推动公共财政开源节流。一方面要激发经济发展活力，优化营商环境，挖掘本地新的经济增长点，改善地方财政收入；另一方面要以“精准施策”为目标，优化财政资源配置，提高资金使用效益，提升公共服务供给质量。

我国地方政府融资规模在十几年内迅速积累，所引发的问题也逐渐显现出来，引起了社会各界的广泛关注。我们需要从发展和稳定双重角度来审视这一问题，正确认识地方政府融资的积极作用与风险隐患，不应因为对风险的恐惧而否定其对地方发展的正面贡献，也不应对融资过程中可能造成的风险隐患熟视无睹。第一，应打破以 GDP 增长为首要目标的思维惯性。第二，需统筹活力与秩序，通过增设“分类债”这一地方政府债券的新品种，既起到规范政府支出类别的作用，使地方政府在一定范围内展开建设，又能够充分激发地方活力。第三，因地制宜，不搞“一刀切”，结合区域状况，分批梳理政府融资过程中的风险。在化解融资产生的存量债务的过程中，也不能盲目追求速度，不宜过快过急，要根据宏观经济形势变化，确保化解风险措施与财政政策的大方向保持一致。

目　录

第一章　地方政府融资概述

第一节　什么是地方政府融资 002

第二节　地方政府融资发展历程 008

第三节　地方政府融资度量 015

第四节　地方政府融资平台介绍 020

第二章　地方政府融资成因及其影响

第一节　地方政府融资与政府财力 024

第二节　地方政府融资可能带来的影响 027

第三章　地方政府融资与经济发展

第一节　地方政府融资与经济增长 032

第二节　地方政府融资与经济周期 041

第四章　地方政府融资与产业结构

第一节　地方政府融资的产业结构效应 053

第二节　地方政府融资资金投向与产业结构 060

第五章　地方政府融资影响经济发展的机制

第一节　地方政府融资与基础设施 ………… 075

第二节　地方政府融资与企业融资 ………… 084

第三节　地方政府融资与创新 ………… 096

第六章　地方政府融资风险防范与治理

第一节　地方政府融资与系统性风险 ………… 108

第二节　其他风险 ………… 111

第七章　总结与建议

参考文献 ………… 124

第一章 地方政府融资概述

第一节　什么是地方政府融资

一、地方政府融资与地方债务

地方政府融资行为最终形成了地方债务。地方债务受到学者与政府部门的关注。按地方政府的还债责任区分，国务院将地方政府融资产生的地方债务分别作了不同的表述——地方债务和地方政府性债务。地方债务实行严格的规模控制，将政府举债的程序和资金用途进行严格限定，并且分门别类纳入全口径预算管理①；地方政府性债务除了包括政府举借的债务外，还包括事业单位、融资平台等举借的政府性质的债务，今后地方政府只能由政府和其部门通过发行政府债券的方式举借政府债务，不再有通过企事业单位举借的政府性债务②。地方政府性债务在2015年《中华人民共和国预算法》(以下简称新《预算法》)出台之前，由于缺少有效、统一的监测、管理制度，隐蔽性强，可能引起的财政风险大，更需要受到学者们的关注。

按照2013年审计署对地方政府性债务的审计口径，地方政府性债务分为三大类：政府负有偿还责任的债务、政府负有担保责任的债务以及政府可能承担一定救助责任的债务。经核实，截至2013年6月底，三类债务的规模分别为10.8万亿元、2.6万亿元，以及4.3万亿元③。其中，地方政府负有偿还责任的债务，是指确定由财政资金偿还、政府负有直接偿债责任的债务，例如地方政府债券。地方政府负有担保责任的债务，是指

---

① 国务院:《关于加强地方政府性债务管理的意见》。

② 国务院办公厅:《国务院办公厅关于印发地方政府性债务风险应急处置预案的通知》。

③ 中华人民共和国审计署:《全国政府性债务审计结果》。

因地方政府（包括政府部门和机构）提供直接或间接担保，当债务人无法偿还债务时，政府负有连带偿还责任的债务，例如政府融资平台向企业举借的债务。政府可能承担一定救助责任的债务，是指政府融资平台、经费补助事业单位等举借的债务，由非财政资金偿还，但地方政府没有提供担保。据法律规定，该类债务政府没有偿债责任，但如果债务单位出现了金融危机，政府应承担救助责任，因此也划入地方政府性债务范畴。

此外，地方政府负有偿还责任的债务与地方政府负有担保责任的债务的区别在于，前者的偿债资金由政府财政负担；后者的偿债资金则来源于债务单位的预期收入。政府负有担保责任的债务与政府可能承担一定救助责任的债务都可以称为政府或有债务。政府或有债务就是由企业过去的交易或事项所形成的义务，包括将来清偿的潜在义务以及当下需清偿的现时义务。

审计署于2011年、2012年和2013年分别对地方政府性债务进行了3次大规模审计。2011年的政府性债务审计只针对全国市县级以上地方政府主体。2012年审计范围仅针对15个省、3个直辖市本级及其所属的15个省会城市本级、3个市辖区，共计36个本级地方政府。2013年的全国政府性债务审计较为全面，共对全国31个省区市和5个计划单列市、391个市、2778个县、33091个乡进行了审计。因此本部分整理了审计署2013年6月的审计结果，对地方政府性债务的各个方面进行描述。

如表1-1所示，融资平台已成为地方政府性债务余额中最主要的举借主体。在审计署2013年公布的政府性债务审查数据中，地方政府融资平台借债占政府性债务比例达37%。一方面，在2014年国务院发布《关于加强地方政府性债务管理的意见》（以下简称43号文）之前，地方政府融资平台债务缺乏约束和管理，并且大部分债务收支未纳入预算管理，其风险属性较高。另一方面，我国各省份缺少对各地方政府总体债务规模的统计数据，如表1-2所示，每年只有十几个省份公布债务余额。因此不少文献使用融资平台这一窗口来观察地方政府的融资行为。

国有独资或控股企业在政府性债务中也占有较大比例，表面上看，作为法人主体的地方国企自己举债，与地方政府毫无关系，可事实并非如此。因为目前高达18万亿元的地方政府负债形成路径与当地国企有着太多的交集，换言之，地方国企的负债某种程度上由政府借债而成，只是反映在企业资产负债上表现为企业部分直接负债，而实际对应着的是政府间接负债。二者事实上形成了一种紧密的捆绑式负债关系。

表1-1 截至2013年6月地方政府性债务余额举借主体情况 单位：亿元

举借主体类别	政府负有偿还责任的债务	政府或有债务	
		政府负有担保责任的债务	政府可能承担一定救助责任的债务
融资平台	40755.54	8832.51	20116.37
政府部门和机构	30913.38	9684.2	0
经费补助事业单位	11761.87	1031.71	5157.1
国有独资或控股企业	11562.54	5754.14	14039.26
自收自支事业单位	3463.91	377.92	2184.63
其他单位	3162.64	831.42	0
公用事业单位	1240.29	143.87	1896.36
合计	108859.17	26655.77	43393.72

资料来源：中华人民共和国审计署公告

表1-2 2013—2016年部分省（区、市）债务余额情况表 单位：亿元

指标名称	2013-06	2014-12	2015-12	2016-12
北京：政府性债务余额	7554.14			
山西：政府性债务余额	1521.00	1951.80	2025.21	2290.93
内蒙古：政府性债务余额	4542.07	6909.27	6733.87	6848.33
辽宁：政府性债务余额	7590.87			
吉林：政府性债务余额	4248.36			
安徽：政府性债务余额	5297.32			
浙江：政府性债务余额	6928.37			
山东：政府性债务余额	8200.00	11710.60		

续表

指标名称	2013-06	2014-12	2015-12	2016-12
河南：政府性债务余额	5541.94			
湖北：政府性债务余额	7680.78	4437.50		
湖南：政府性债务余额	7737.29	12005.46	11023.43	
广东：政府性债务余额	8621.00	8808.60	8188.00	
广西：政府性债务余额		6393.19	5859.51	
海南：政府性债务余额		1697.30		
重庆：政府性债务余额		5909.50	5603.40	
甘肃：政府性债务余额		4379.00	4185.00	
宁夏：政府性债务余额		1319.96		
新疆：政府性债务余额		3952.70	3875.80	2836.90

注：2013年统计时间为2013年6月。

资料来源：根据Wind数据库及部分省（区、市）审计厅文件补充整理[①]

二、地方政府融资现状

2020年末我国各省（区、市）地方政府融资形成的债务余额情况如表1-3所示，融资形成的债务余额包括一般债务余额与专项债务余额[②]，皆纳入了政府预算管理，可以说是"显性债务"。表1-3中将31个省（区、市）被划分为东部、中部、西部3个地区。从平均值来看，我国地方债务余额、GDP呈现出东部、中部、西部地区递减的趋势。东部地区的债务余额平均值为10163亿元，远高于西部地区的债务余额平均值6182亿元。从债务负担率[③]平均值上看，我国呈现出东中西地区递增的趋势。东部地区地方债务规模较大，但由于其经济总量也大，其债务负担率并不高，仅为26%，远低于国际上公认的债务警戒线[④]。如图1-1所示，2020年末江苏、山东、广

① 由于各省（区、市）并不是每年公布政府性债务余额，因此数据有所缺失。

② 一般债务是指列入一般公共预算用于公益性事业发展的一般债券、地方政府负有偿还责任的外国政府和国际经济组织贷款转贷债务；专项债务是指列入政府性基金预算用于有收益的公益性事业发展的专项债券。

③ 债务余额占GDP比重。

④ 指欧盟60%的预警线。

东三省的债务余额明显高于其他省份，但江苏、广东作为经济强省，财政收入较高，具有较强偿债能力。如表 1-3 所示，2020 年末江苏、山东、广东债务负担率分别为 16.77%、22.69%、13.83%，债务风险安全可控。值得关注的是，贵州省的债务余额在西部地区中排名靠前，其债务负担率为 61.64%，已经高于债务警戒线。不过，贵州省近年来已开始重视防范化解政府债务风险。2021 年 8 月贵州省政府常务会议审议通过《关于进一步加强政府债务管理切实防范债务风险的实施意见》，表示要依法合规化解存量债务，切实防范化解债务风险。青海省经济发展相对滞后，财政实力整体较弱，而债务负担率以 81.65% 居全国首位，因此需进一步加强地方政府融资管理，防范财政金融风险。

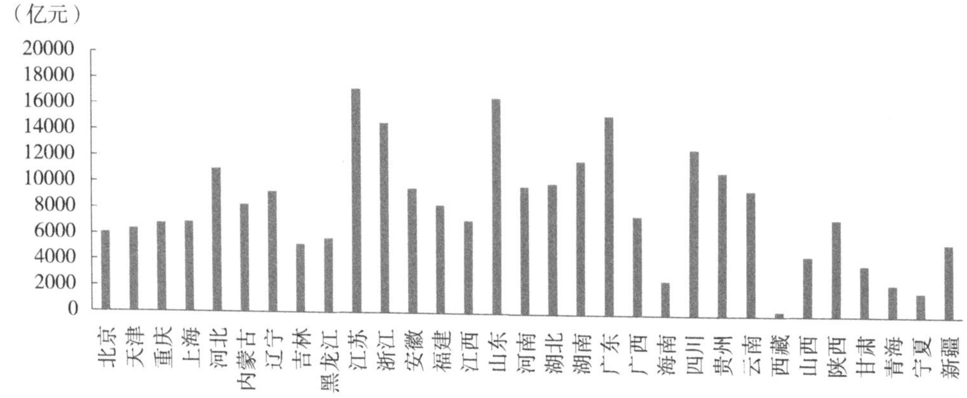

图1-1 2020年末31个省（区、市）债务余额

资料来源：根据Wind数据库及各省（区、市）财政厅公布的决算表中数据补充整理

如图 1-2 所示，相对于一般债务，北京、天津、江苏、广东等东部经济发达地区专项债务所占比例明显较高；内蒙古、辽宁、黑龙江、青海、宁夏等经济欠发达地区的一般债务在总债务中所占比例较低，而专项债务占比较高。这说明经济发展好的地区基础设施较为完善，更愿意发债用于具体项目的建设。

表 1-3　2020 年末 31 个省（区、市）政府债务余额情况表　　单位：亿元

区域	省（区、市）	政府债务余额	GDP	债务占 GDP 比重
东部地区	北京	6063.59	36102.6	16.80%
	天津	6368.244	14083.7	45.22%
	河北	11016.4	36206.9	30.43%
	辽宁	9261.52	25115	36.88%
	上海	6891.5	38700.6	17.81%
	江苏	17227.69	102719	16.77%
	浙江	14641.63	64613.3	22.66%
	福建	8338.67	43903.9	18.99%
	山东	16591.8	73129	22.69%
	广东	15316.19	110760.9	13.83%
	广西	7615.12	22156.7	34.37%
	海南	2622.8	5532.4	47.41%
	平均值	10162.9295	47752	26%
中部地区	山西	4612	17651.9	26.13%
	内蒙古	8268.67	17359.8	47.63%
	吉林	5221.426	12311.3	42.41%
	黑龙江	5684.5	13698.5	41.50%
	安徽	9600.144	38680.6	24.82%
	江西	7149.13	25691.5	27.83%
	河南	9822.453	54997.1	17.86%
	湖北	10078.68	43443.5	23.20%
	湖南	11815	41781.5	28.28%
	平均值	8028	29512.86	31%
西部地区	重庆	6799	25002.8	27.19%
	四川	12743	48598.8	26.22%
	贵州	10989.02	17826.6	61.64%
	云南	9591.9	24521.9	39.12%
	西藏	374.98	1902.7	19.71%
	陕西	7432.78	26181.9	28.39%
	甘肃	3941.9	9016.7	43.72%
	青海	2454.34	3005.9	81.65%
	宁夏	1859.65	3920.6	47.43%
	新疆	5634.67	13797.6	40.84%
	平均值	6182.124	17377.55	41%

注：表中关于中国东部地区、中部地区和西部地区的划分，是按照政策而非行政和地理概念来划分的。

资料来源：根据Wind数据库及各省（区、市）财政厅公布的决算表中数据补充整理

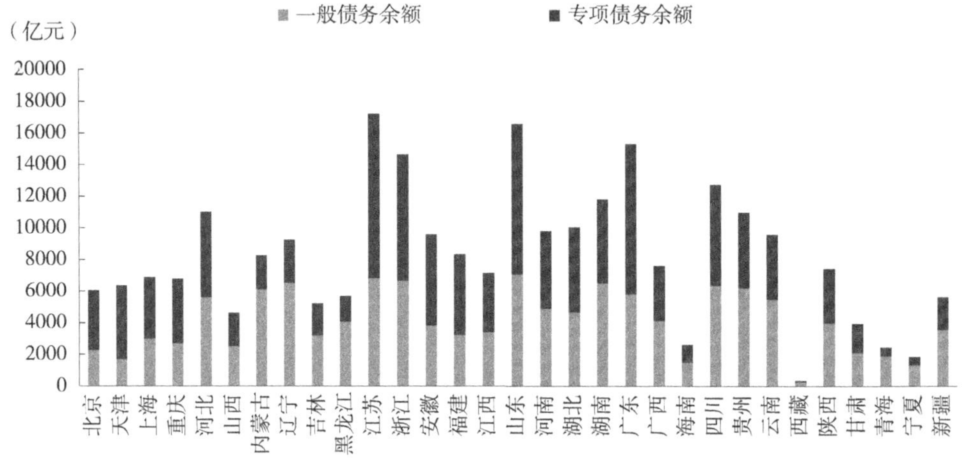

图1-2　2020年末31个省（区、市）一般债务余额与专项债务余额
资料来源：根据Wind数据库及各省（区、市）财政厅公布的决算表中数据补充整理

第二节　地方政府融资发展历程

一、1994—2008年：严格限制地方政府以发债方式融资

1994年实行的分税制改革重新划分了中央政府与地方政府承担的事权与财权，此后中央收回了大部分财权，地方政府则承担更多的事权。1995年《中华人民共和国预算法》（以下简称旧《预算法》）颁布并实施。其中规定：除前款规定外[①]，地方政府及其所属部门不得以任何方式举借债务。除法律另有规定外，地方政府及其所属部门不得为任何单位和个人的债务以任何方式提供担保。旧《预算法》严格限制了省级及省级以下政府债务的发行，即限制了地方政府的财政自主权，加强了分税制改革的政策效果。

① 前款规定指：经国务院批准的省（区、市）的预算中必需的建设投资的部分资金，可以在国务院确定的限额内，通过发行地方政府债券举借债务的方式筹措。举借债务的规模，由国务院报全国人民代表大会或者全国人民代表大会常务委员会批准。省（区、市）依照国务院下达的限额举借的债务，列入本级预算调整方案，报本级人民代表大会常务委员会批准。举借的债务应当有偿还计划和稳定的偿还资金来源，只能用于公益性资本支出，不得用于经常性支出。

在这个阶段，地方政府无法借助举债去筹借财政资金，大部分税收收入又需要上缴中央，只能通过充分发展经济来获取更多的税收留存。然而，承担了教育、医疗、城市建设支出等大部分“事权”的地方政府，财政资金极为紧张。

二、2009—2013年：地方政府融资快速发展

2008 年席卷全球的国际金融危机爆发。2009 年，我国政府为缓解金融危机带来的负面影响，推出了四万亿投资计划。其中，中央财政只承担 1.18 万亿元，其余则需要地方政府筹集。在地方政府财政资金本就紧缺的情况下，融资水到渠成地成为筹措资金的主要方式。在旧《预算法》的约束下，地方政府无法直接作为借贷主体进行融资，为解决这一困难，2009 年，中国人民银行联合其他监管部门发布 92 号文①，鼓励地方政府通过组建融资平台筹措资金。随后，为了规范城投公司发债，2010 年 6 月，国务院发布 19 号文②，构建了城投监管的初期政策框架，提出对城投平台和平台债务进行分类监管。此后，国家发展改革委简化了企业债审批程序，全国各地的城投平台大规模成立，以企业债为主体的城投债迅速扩容。在不违反旧《预算法》的前提下，中央政府以这种途径渐渐放开了地方不能举借债务的要求，即中央在财权上对地方有了一些“分权”。同时，中央也在探索“自发代还”和“自发自还”等地方政府的合法融资方式。例如，经国务院批准，2011 年上海市、浙江省、广东省、深圳市开展地方政府自行发债试点③，2013 年适当扩大自行发债试点范围④。试点省（市）政府债券由财政部代办还本付息。因此这种融资方式是介于中央代理发行和地方自主发行之间的过渡形式。但由于这些债券规模小、

① 指《关于进一步加强信贷结构调整促进国民经济平稳较快发展的指导意见》。

② 指《国务院关于加强地方政府融资平台公司管理有关问题的通知》。

③ 财政部：《2011 年地方政府自行发债试点办法》。

④ 财政部：《2013 年地方政府自行发债试点办法》。

期限短，适用范围并不广泛。

2009年以后，在快速城市化、地方政绩考核等带动下地方政府融资形成的债务规模日益膨胀，随之加大的地方政府融资过程中的风险引起了中央的重视。2013年底召开的中央经济工作会议，首次将防控地方政府性债务风险作为经济工作的重要任务之一。2013年12月30日，审计署公告显示，截至2013年6月，地方政府负有偿还责任的债务108859.17亿元，负有担保责任的债务26655.77亿元，可能承担一定救助责任的债务43393.72亿元。其中，与地方政府融资平台有关的债务占比分别达到37.44%、33.14%和46.36%。同时，地方政府负有偿还责任的债务增长较快，部分地方和行业债务负担较重，地方政府性债务对土地出让收入的依赖程度较高[①]。

三、2014—2015年：规范地方政府融资行为

2013年后中央出台了一系列文件，开始在全国范围内整治地方政府性债务。与此同时，我国开始探索地方政府依法发行债券的模式。

2014年5月，财政部印发《2014年地方政府债券自发自还试点办法》，经国务院批准，上海、浙江、广东、深圳、江苏、山东、北京、江西、宁夏、青岛试点地方政府债券自发自还。这标志着中国地方政府融资方式正从以往主要靠平台融资向以政府债券为主体的市场化举债融资机制转变[②]。

2014年10月，国务院发布43号文，全面部署加强地方政府性债务管理。43号文作为顶层设计文件，以“开前门、堵后门”的思路主要对债务管理工作作了以下几个方面的规定：一是赋予地方政府依法适度举债权限，允许地方政府发行政府债券规范举债；推广使用政府与社会资本合作模式；

① 中华人民共和国审计署：《2013年第32号公告：全国政府性债务审计结果》。
② 财政部：《2014年地方政府债券自发自还试点办法》。

剥离融资平台政府融资职能。二是对地方债务实行规模控制和预算管理；地方政府举债不得突破批准的限额，债务限额由国务院确定并报全国人大或其常委会批准。三是控制和化解地方政府性债务风险；建立地方债务风险预警机制，建立债务风险应急处置和责任追究机制。随后，规范地方政府融资行为等方面的政策不断出台，大多遵循了43号文所传达的思想。43号文的出台基本建立了我国地方政府融资管理制度体系，对今后地方债券发行、地方政府融资平台转型等都有着重要影响。

2014年8月，第十二届全国人大常委会表决通过了关于修改《中华人民共和国预算法》的决定，修订后的新《预算法》从2015年1月1日开始正式实施。新《预算法》建立了规范的地方政府融资新机制，一方面严格禁止地方各种违法违规举债融资行为，另一方面鼓励地方政府依法依规通过市场化方式融资。如新《预算法》规定，经国务院批准的省（区、市）的预算中必需的建设投资的部分资金，可以在国务院确定的限额内，通过发行地方政府债券举借债务的方式筹措；除前款规定外，地方政府及其所属部门不得以任何方式举借债务；除法律另有规定外，地方政府及其所属部门不得为任何单位和个人的债务以任何方式提供担保。

根据新《预算法》和43号文，财政部按照疏堵结合、“开前门、堵后门、筑围墙”的思路，于2015年3月和4月分别颁布了《地方政府一般债券发行管理暂行办法》《地方政府专项债券发行管理暂行办法》[①]。这些文件对地方政府在国务院批准额度内发行一般债券和专项债券的流程、规范进行了详细说明。在2015年12月，财政部印发《关于对地方政府债务实行限额管理的实施意见》（以下简称《意见》），对地方政府融资形成的债务限额管理做出了详细的规定，同时提出要妥善处理存量债务。《意见》指出，市县级政府需举借债务的，要依照经批准的限额提出债务举借和使用计划，由省级政府代为举借；地方政府存量债务中通过银行贷款等非政府债券方

① 2020年12月财政部印发《地方政府债券发行管理办法》，《地方政府一般债券发行管理暂行办法》和《地方政府专项债券发行管理暂行办法》同时废止。

式举借部分，通过 3 年左右的过渡期，由省级财政部门在限额内安排发行地方政府债券置换。

四、2016—2018年：严控地方政府融资风险

2016 年后，我国一方面高度重视和防范政府债务风险，坚决遏制违法违规举债；另一方面进一步细化了地方政府融资的管理，对债券发行、债务信息公开等方面作了更加具体的规定。

2016 年 10 月，国务院办公厅印发《地方政府性债务风险应急处置预案》，对地方政府性债务风险应急处置做出总体部署和系统安排；11 月，财政部印发《地方政府性债务风险分类处置指南》（以下简称《指南》），通过对不同债务类型分类提出处置措施，明确地方政府偿债责任。《指南》指出，地方政府性债务是指地方政府负有偿还责任的债务以及或有债务的总称，包括地方政府必须偿还、有偿还义务的地方债务和地方政府违规担保形成的或者有一定救助责任的或有债务。具体可以分为：

（1）地方政府债券。是指 2009 年以来发行的地方政府债券，包括截至 2014 年底地方政府性债务存量中的地方政府债券、2015 年以来发行的地方政府一般债券和专项债券。

（2）非政府债券形式的存量政府债务。是指 2014 年以前形成的、经财政部审计确认的、地方债形式以外的地方政府负有偿还责任的债务，包括银行贷款、企业债券、信托等不同类型。如债权人同意在规定期限内置换为政府债券的，地方政府不得拒绝相关偿还义务转移，并应承担全部偿还责任；债权人不同意在规定期限内置换为政府债券的，仍由原债务人依法承担偿债责任，对应的地方债务限额由中央统一收回。地方政府作为出资人，在出资范围内承担有限责任。

（3）存量担保债务。仅限于 2014 年以前形成的债务，不属于政府债务，政府不承担偿债责任。属于政府出具无效担保合同的，政府仅依法承担适

当民事赔偿责任，但最多不超过债务人不能清偿部分的1/2。

（4）存量救助债务。仅限于2014年以前形成的债务，不属于政府债务，政府在法律上不承担救助债务的偿债责任，但可以根据具体情况实施一定救助，但保留对债务人的追偿权[①]。

2017年4月，财政部印发《新增地方政府债务限额分配管理暂行办法》，文件中对如何测算新增地方债务限额作了具体说明，新增限额分配用公式表示为：

某地区新增限额 =（该地区财力 × 系数1+ 该地区重大项目支出 × 系数2）× 该地区债务风险系数 × 波动系数 + 债务管理绩效因素调整 + 地方申请因素调整 （1–1）

其中，系数1和系数2根据各地区财力、重大项目支出以及当年全国新增地方债务限额规模计算确定。

2017年5月，财政部、国家发展改革委等六部门联合印发《关于进一步规范地方政府举债融资行为的通知》，明确举债融资的政策边界和负面清单，要求厘清地方政府与融资平台的边界，加快政府职能转变，处理好政府和市场的关系，推动融资平台尽快转型为市场化运营的国有企业，依法合规开展市场化融资。同月，财政部印发《关于坚决制止地方以政府购买服务名义违法违规融资的通知》，严禁地方以政府购买服务名义变相举债。这些政策基本涵盖了当前地方政府及其部门主要违法违规融资方式。

2018年3月，财政部印发《关于做好2018年地方政府债务管理工作的通知》，要求地方各级财政部门将防范化解地方债务风险作为当前财政管理工作的重中之重，依法健全规范地方政府举债融资机制。2018年12月，财政部印发《地方政府债务信息公开办法（试行）》，明确了一般债券、专项债券等债务信息需要公开的内容与原则。

---

① 根据《地方政府性债务风险分类处置指南》整理。

五、2019年至今：完善地方政府融资方式

为了助力经济稳增长和缓解“借新还旧”的压力，2019 年开始大幅推进专项债券的发行规模与发行速度。同时，国家严格遏制地方隐性债务增量，积极推动融资平台市场化转型。

2019 年 4 月财政部印发《关于做好地方政府债券发行工作的意见》，提出地方财政部门应当在市场化、规范化的原则下，合理把握发行节奏，切实加快债券发行进度。

2019 年 6 月中共中央办公厅、国务院办公厅印发《关于做好地方政府专项债券发行及项目配套融资工作的通知》，为加大逆周期调节力度，更好发挥地方政府专项债券的重要作用，该通知提出要依法合规推进重大项目融资，明确了做好专项债券项目融资工作的各项细则。

2020 年 7 月财政部发布《关于加快地方政府专项债券发行使用有关工作的通知》，要求地方政府加快专项债券的发行和使用进度。2020 年 11 月财政部发布《关于进一步做好地方政府债券发行工作的意见》，表示要进一步完善地方政府债券（以下称地方债）发行机制，保障地方债发行工作长期可持续开展。

2020 年 8 月国务院公布修订后的《中华人民共和国预算法实施条例》，自 2020 年 10 月 1 日起施行。主要从 4 个方面对地方政府融资管理做出比较全面的规定：一是细化地方政府融资形成的债务余额限额管理；二是明确转贷债务管理；三是完善地方政府融资过程中的风险评估和预警机制；四是合理安排发行政府债券。

2020 年 12 月财政部印发《地方政府债券发行管理办法》。该办法主要为规范地方政府债券发行管理，保护投资者合法权益，对地方政府债券含义、发行、托管、评级等内容做出了具体规定。《地方政府一般债券发行管理暂行办法》和《地方政府专项债券发行管理暂行办法》同时废止。本书对地方政府融资相关政策文件进行了梳理，如表 1-4 所示。

表 1-4　历年地方政府融资相关政策文件一览

年份	阶段	主要文件（按时间排序）
1994—2008 年	严格限制地方政府以发债方式融资	《中华人民共和国预算法》（简称旧《预算法》）
2009—2013 年	地方政府融资快速发展	《关于进一步加强信贷结构调整促进国民经济平稳较快发展的指导意见》 《国务院关于加强地方政府融资平台公司管理有关问题的通知》 《2011 年地方政府自行发债试点办法》 《2013 年地方政府自行发债试点办法》
2014—2015 年	规范地方政府融资行为	《2014 年地方政府债券自发自还试点办法》 《国务院关于加强地方政府性债务管理的意见》（43 号文） 《中华人民共和国预算法》（简称旧《预算法》） 《地方政府一般债券发行管理暂行办法》 《地方政府专项债券发行管理暂行办法》 《关于对地方政府债务实行限额管理的实施意见》
2016—2018 年	严控地方政府融资风险	《地方政府性债务风险应急处置预案》 《地方政府性债务风险分类处置指南》 《新增地方政府债务限额分配管理暂行办法》 《关于进一步规范地方政府举债融资行为的通知》 《关于坚决制止地方以政府购买服务名义违法违规融资的通知》 《关于做好 2018 年地方政府债务管理工作的通知》 《地方政府债务信息公开办法（试行）》
2019 年至今	完善地方政府融资方式	《关于做好地方政府债券发行工作的意见》 《关于做好地方政府专项债券发行及项目配套融资工作的通知》 《关于加快地方政府专项债券发行使用有关工作的通知》 《关于进一步做好地方政府债券发行工作的意见》 《中华人民共和国预算法实施条例》 《地方政府债券发行管理办法》

资料来源：根据中国政府网公布地方政府融资相关政策文件整理

第三节　地方政府融资度量

学术业界一般使用地方债务度量地方政府融资行为强弱。目前我国尚未有准确且公开的地方债务测度数据，并且由于地方债务存在统计口径复杂、债务分散、数据敏感、隐性债务等问题，使得数据往往难以获取。地方债务的度量问题是当前国内地方债务研究的核心难题之一。这引发了研究者从不同角度予以测度（陈诗一、汪莉，2016；陈菁、李建发，2015；黄春元、毛捷，2015；吕健，2015；文雪婷、冯明，2017；钟辉勇、陆铭，2015b）。

一些学者按照世界银行高级专家 Polackova 对于政府债务提出的“财政风险矩阵”，将债务分成了显性债务与隐性债务（孙涛、张晓晶，2007）。陈诗一、汪莉（2016）的研究度量了中国 1995—2010 年的地方债务数据。第一，他们统计了地方政府的显性债务。首先，是对各地方政府兑付有价证券本金收入、国债转贷收入、财政部代理发行地方政府债券、地方政府向国外借款收入的债务性收入数据加总，获得各地区每年新增地方债流量数据；其次，根据地方政府购买有价证券支出、债务利息支出、国债还本付息支出等计算获得当年债务性支出数据；最后，由每年新增地方债减去当年债务性支出数据得到每年地方债净增值，逐年累加得到各地区地方债余额或地方债存量数据。第二，他们统计了地方政府的隐性债务。首先，是对地方国有企业国有资产总额数据乘以相应地方国有企业资产负债率数据，得到地方国企国有债务总额；其次，按城投公司对发行的城投债数据进行加总，得到每年各地区发行城投债规模；最后，将国有企业负债与城投债规模加总得到地方隐性债务。

在以上文献的基础上，黄春元、毛捷（2015）将债务分为显性债务、或有债务进行统计，构建了省市两级的地方债务数据。显性债务包括有价证券净收入、国债转贷收入、地方政府债券净收入、地方政府向国外借款收入。而有价证券在 1998 年以后不再进行统计，地方政府向国外借款收入在 2001 年之后也不再统计，因此他们在文章中使用的显性债务仅包括地方政府债券净收入和国债转贷收入。其中，地方政府债券为财政部代理发行地方政府债券收入减去地方政府国债还本付息支出。或有债务 1 即地方国有企业债务总额，或有债务 2 即地方政府融资平台发行的城投债总额。由于地市级的国有企业债务并不公布，因此他们所用的地级市地方债务数据仅包括显性债务（除国债转贷收入部分）和或有债务 2，缺少或有债务 1。

上述债务度量方法统计口径较为全面，但债务度量方式存在一些问题：（1）国有企业债务包括了大量市场化运营的国有企业所发行的公司债、企业债以及银行贷款等，并且其中的大部分并不受地方政府的影响，不宜纳入地方政府隐性债务的范畴。（2）城投平台多为国有属性，用国有企业债务与地方城投债之和度量地方政府隐性债务，可能存在重复计算的问题。另外，显性债务由于受到过多中央政府约束，且每年规模较为平稳，也不适宜纳入本部分样本。

文雪婷和冯明（2017）搜集了城投公司的资产负债表，并将每年位于同一地级市的地方政府融资平台的负债加总作为该地区的地方政府融资平台总负债，以此来度量地方债务。其中，地方政府融资平台的负债用短期负债加上长期负债计算得出，短期负债为短期借款、应付票据、1 年内到期的非流动负债、其他流动性负债及应付短期债券之和，长期负债等于长期借款加应付债券。徐长生等（2016）抓取各个城市融资平台资产负债表中的年末债务余额，再将所有平台的数据加总之后作为该城市总体债务数据。但是，发现城投公司并非每年都公布资产负债表，一些城投公司个别年份的资产负债表缺失，那么这一度量方式将会造成测量误差。

还有一些学者利用其他经济指标对我国地方债务进行了估算。吕健（2015）根据张忆东和李彦霖的计算方法，通过利用市政领域的固定资产投资减去地方政府可用收入的办法来衡量地方债务。具体计算公式如下：

地方债务＝市政领域的固定资产投资 − 预算内资金投入 − 土地出让收入中用于投资的资金 − 投资项目的盈利现金流入 （1-2）

他们首先将以下行业的固定资产投资额加总得到市政领域固定资产投资额：电力、燃气及水的生产和供应业，交通运输、仓储和邮政业，科学研究、技术服务和地质勘查业，水利、环境和公共设施管理业，教育，卫生、社会保障和社会福利，公共管理和社会组织。其次他们将地方政府资本性支出占预算支出的比例乘以市政领域预算支出，得到市政领域固定投资的预算内投入的近似值；将土地出让收入减去各项必要支出，得到土地出让收入中用于投资的资金。最后他们把市政领域各个行业固定资产投资所占的比重作为权重，利用加权平均法测算出各个地区土地每年的折旧率，再乘以上一年度的市政领域固定资产投资额，得到投资项目的盈利现金流入。但该估算方法存在一定缺陷，因为地方债务并非都用于市政领域的固定资产投资，并且公式中的预算内资金投入也是通过估算得到的，更加重了数据的粗略性。

其他学者基于已有文献使用多种地方债务的度量方法。范剑勇和莫家伟（2014）使用了4种指标作为地方债务的代理变量进行研究：地方政府预算内财政收入（即本级财政收入）、地方政府融资平台发行的城投债总额、土地“招拍挂”的出让价格、土地“招拍挂”的出让收入。项后军等（2017）在进行实证检验时，使用吕健（2015）和张忆东等（2012）的地方债务估算方法，即将市政领域的固定资产投资减去地方政府可用收入，在稳健性检验时，他们运用城投债作为地方债务的代理变量。

综合既有文献看，大多数学者使用了城投债数据作为研究地方债务效应、地方债务成因等的观察指标（陈菁、李建发，2015；钟辉勇、陆铭，2015；罗党论、佘国满，2015）。本书借鉴既有研究，从地方政府融资平台的借债数据与城投债发行数据两个方面考察地方政府融资行为对产业结构的影响。城投债具有市政债性质，对以后债券发行具有启示性和代表性。而地方政府融资平台的负债能够涵盖银行贷款等融资方式，补充城投债数据的不足。具体数据选取参见每章数据说明。

然而，前文隐性债务度量方式存在一些问题：（1）国有企业债务包括了大量市场化运营的国有企业所发行的公司债、企业债以及银行贷款等，并且其中的大部分并不受地方政府的控制，不宜纳入地方政府隐性债务的范畴；（2）城投平台多为国有属性，用国有企业债务与地方城投债之和度量地方政府隐性债务，可能存在重复计算的问题；（3）由于城投债数据只统计了融资平台的发债情况，会忽略城投公司负债中银行贷款、信托项目等融资方式。

在本节地方政府借债数据中笔者选择地方政府融资平台相关数据度量地方政府融资，考察地方政府融资变化。地方政府融资平台负债以银行借款为主，能更好地衡量地方政府借债。参考文雪婷、冯明（2017）的方法，利用地方政府融资平台财务报表中的资产负债表计算平台负债数据，使用同一城市的地方政府融资平台的负债加总作为该城市地方政府融资平台总负债。地方政府融资平台负债由资产负债表中的短期负债、应付票据、1 年内到期的非流动负债、其他流动性负债、应付短期债券、长期借款、应付债券加总所得。最终核心解释变量为地方政府融资平台负债除以当地生产总值后取对数值。数据来源于 Wind 数据库。

图 1-3 为 2009—2017 年地方政府融资平台负债规模变化折线图。从图中明显看出，2009—2011 年地方政府融资平台借债规模平稳，在 2011 年后其负债一直处于快速上升的状态，直到 2015 年地方政府融资平台负债有了明显的下降。一方面，2011—2015 年是四万亿投资计划的后期，地方政府仍需要融资获取大量资金以达到刺激经济的目的。另一方面，该时期我国对地方政府融资管理松散，政府性债务的风险预警机制不完善。2015 年后，折线图出现了明显的拐点，地方政府融资平台负债突然下降，这可能是新《预算法》开始实施所产生的效应。2015 年初新《预算法》正式生效，从法律上规定地方

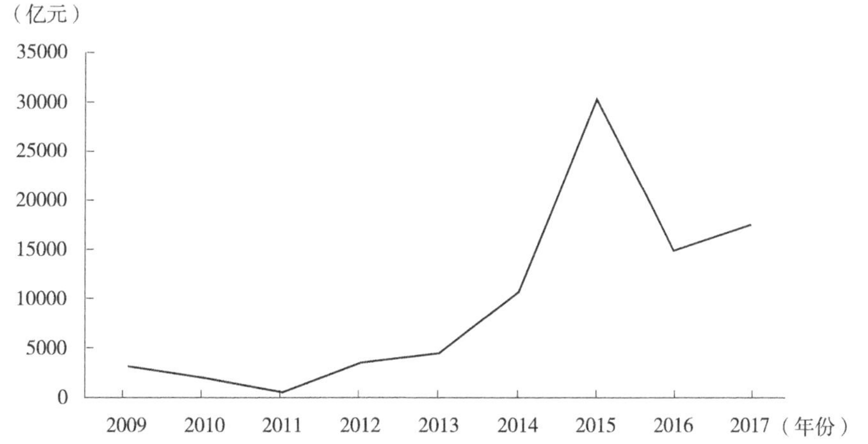

图 1-3　2009—2017 年地方政府融资平台负债规模变化情况

资料来源：根据 Wind 数据库中地方政府融资平台负债数据整理

政府不能再以成立融资平台的方式举债，现有地方政府融资平台债务必须于2016年退出，由此大批债务存量以债务置换的方式被甄别。虽然新《预算法》对地方政府融资管理有所约束，对地方政府融资平台发债进行了诸多限制，但由于地方政府仍存在财权和事权不对等的问题，新《预算法》并没有从根本上解决地方政府的资金压力问题，地方政府仍具有强烈的发债动机。

第四节 地方政府融资平台介绍

地方政府融资平台，是指由地方政府及其部门和机构等通过财政拨款或注入土地、股权等资产设立，从事政府指定或委托的公益性或准公益性项目的融资、投资、建设和运营，拥有独立法人资格的经济实体。融资平台主要承担融资和建设两大任务，即为地方经济和社会发展筹集资金，并承担基础设施建设、公共服务项目的具体建设任务。融资平台为通俗意义上的说法，并不具备清晰的法律内涵，该类公司基本为地方国有企业。为了推动地方发展，开展城市建设，仍然需要地方政府出资设立的融资平台通过转型升级，为地方的产业发展、基础设施及公共服务水平提升提供资金支持和智力支持。地方政府融资平台是金融市场和地方政府财政系统的重要连接点，对地方财政金融的发展有着重要影响。

分析一些地方政府融资平台转型的成功案例十分重要。如仙桃市利用融资平台打造水乡田园综合体和地方特色产业，并向国家开发银行融得资金，再利用资金进行“厕所革命”，发展旅游和体育设施建设，改善当地人居环境，并且协助引进龙头企业发展当地农村经济，不仅打破了传统的融资模式，还打造了地方的特色产业，值得借鉴。这种模式创新是地方政府融资平台在市场上运营竞争力的保障。经营权的注入并非完全保障了地方政府融资平台转型的成功，还需要花心思去创新经营模式，以保证地方政府融资平台运营的高效，且更好地推动地方产业的发展。

城投债，是由城投公司（地方政府融资平台）在证券交易所市场和银行间市场公开发行的债券，其种类包括短期融资融券、公司债、企业债、金融债、非公开定向融资工具等。融资平台发行城投债的主要目的是缓解地方政府的财政压力，为地方基础设施建设筹集资金，因此该类债券与地方政府有着千丝万缕的关系。市场认为城投债背后有着政府的隐性担保，对其有着较高的刚性兑付预期，长期以来，城投债更受市场的青睐。由此可见，其实城投债债务类型体现出典型的“市政建设债”特征，具有“准市政债”性质，其发债投向与政策演变成为研究地方政府融资的切入点。

党的十八大以来，防范化解重大经济金融风险攻坚战的持续推进，国家陆续为规范地方政府融资出台了一系列政策文件，城投公司被逐渐剥离地方政府融资职能。2014 年 43 号文明确政府债务不得通过企业举借，企业债务不得推给政府偿还，切实做到谁借谁还、风险自担，并明确提出剥离地方政府融资平台的政府融资职能，目的是打破政府兜底预期，分类推进融资平台市场化转型。不过之后受国际环境冲击和经济周期影响，中国经济增长速度总体放缓，一些地区稳增长压力陡增，城投公司转型被暂时搁置，城投债发行的管制有所放松。2015 年，地方政府融资再度受到监管部门重视，从 12 月颁布的《关于地方政府债务实行限额管理的实施意见》规定城投债 3 年置换过渡期，到 2016 年对政府债务进行甄别分类和公布具体处置指南，再到 2017 年公布《关于坚决制止地方以政府购买服务名义违法违规融资的通知》，相关政策频繁出台体现了国家对防范化解地方政府融资过程中风险的决心。近几年，在持续的债务风险监管下，不少地区已出现城投公司非标准化债务违约，导致市场对城投债的刚性兑付预期和政府隐性担保预期下降。但城投债依然未出现违约，其发行投向仍然与政府投资方向、经济发展方向关系密切。

城投平台作为隐性债务的重要载体，包含了地方政府隐性债务的主要部分，是隐性债务风险防范的重点。

目前，城投债务风险主要体现在以下 3 个方面：一是城投平台存量带息债务规模巨大，整体还本付息压力较大。截至 2020 年，城投平台带息债务占 GDP 的比重为 57.6%。二是缺乏稳定的经营现金流，债务偿还依赖借新还旧。城投平台投资建设的项目多为政府基础设施中的民生或公益性项目，经济效益差，加上自身管理水平有限，导致城投平台造血能力不足、不具备还本付息的能力。三是随着监管层大力推进隐性债务化解工作，剥离融资平台政府融资职能，再融资压力较大。

第二章 地方政府融资成因及其影响

第一节 地方政府融资与政府财力

在我国现行财税体制下，地方政府面临财政收支压力，地方政府融资缓解了地方政府财政资金紧张的局面。对于债务扩张的具体原因，“财权与事权不匹配”的解释得到了大多数学者的认同。1994 年的分税制改革使得地方政府在财政收入有限的背景下承担了较多当地发展的事权，面临收支失衡的财政状况，地方政府急需获取预算外资金，被迫负债维持运转（龚强等，2011；米璨，2011）。在不能减少公共支出但财政收入紧缺的情况下，地方政府可能采取的对策只有利用融资平台，大规模举债（韩鹏飞、胡奕明，2015）。陆远权等（2016）运用 Moran 指数等空间分析工具，发现中国式分权与引资竞争是造成地方政府融资行为的重要原因。在超出其财政能力的支出压力下，地方政府需要依靠融资收入来满足当地经济发展需要。姜子叶和胡育蓉（2016）从地方政府融资历史变迁的视角，运用财政分权理论构建财政分权框架下的预算约束模型，解释了中国地方政府偏好举债融资的现象。

财政分权体系下地方政府支出扩张和财力不足被认为是地方政府融资行为增加的重要原因（Mikesell，2002；贾康，2010；缪小林、伏润民，2015）。杨十二、李尚蒲（2013）指出，投资拉动的经济增长模式的固化与地方政府官员任期制的激励促使地方政府需要大量资金进行基础设施建设，形成地方政府大规模融资的内在激励。同时，由于财权事权的不匹配，各级地方政府承担公共支出责任，面临巨大的财政资金需求；中央政府的转移支付不稳定，在地方政府有限的财政收入能力下，地方政府对预算外收入尤其依赖（龚强等，2011）。而在财政分权的框架下，预算外其他渠道融资并不顺畅，地方政府只得通过许多变通的方法进行融资，形成了大量地方政府的或有债务（安国俊，2013）。可见，地方政府发债主要是由于财政收支存在缺口。如果地方经济基础充实、财力充裕，那么地方政府的发债压力就会大大减弱。比如，一些学者发现财政困难的县乡要比财力雄厚的县乡发债更多（刘尚希、于国安，2002）。

地方政府融资收入是对地方财权的一种拓展，满足了地方政府融资需要，缓解了财政资金不足的劣势，使得地方政府有更多财政自主权。贾俊雪等（2011）发现提高财政收入的分权水平增强了县级财政的自给能力，有助于实现县级财政纾困。地方政府融资是地方政府筹措财政资金的一种有效方式，也是地方政府在财政收支压力下获取更多财权的一种重要途径。当地方政府在发展经济或者提供公共服务过程中遇到财政资源困难时，往往以借债的方式谋求更多公共资源（Garman et al.，2001；Rodden，2003）。

地方政府融资可以弥补地方政府长期存在的由于财权与事权不对称导致的财政收支缺口（杨灿明、鲁元平，2015）。庞保庆和陈硕（2015）将地方政府融资纳入中央与地方财政关系下的地方政府行为框架内加以考察，发现财政缺口的扩大显著增加了融资平台的数量与债务规模，据此认为，地方政府举债是为了改善自身财政境况、推动经济发展。钟辉勇和陆铭（2015）发现来自中央政府的人均财政专项转移支付将导致地方政府融资行为的扩张。由于“公共池”与“预算软约束”等道德风险的存在，财政转移支付越多意味着当地需要的财政资金越多，其融资的需求也就越大。自 2009 年中央放松了地方政府融资渠道限制后，地方政府突然多了可以获得预算外收入的一种渠道，当地方政府自身财力无法满足公共产品和服务的需求时，需要举债“经营”（牛霖琳等，2016；罗荣华、刘劲劲，2016）。地方政府通过融资缓解财政政策实施过程中所面临的金融约束（方红生、张军，2009；杨灿明、鲁元平，2015）。王永钦等（2016）认为中央与地方在财权和事权上关系的调整，使得地方政府收入降低，难以满足在城市化过程中的融资需求；并且金融资源的控制权集中于中央，地方政府无法直接向公众或者银行融资。在此背景下，组建城投公司获取债务资金是地方政府解决财政困难的一种创新型融资模式。

从土地收入与地方政府融资关系的角度看，债务收入增加了地方政府参与经济的财力手段。鉴于土地收入是地方政府获取财政资金的一种重要来源，土地收入可以作为地方财力的代理指标，如果地方政府土地财政与地方政府融资呈现出互补关系，那么土地出让与政府融资都是地方政府快速增加财政收入的主要渠道，即融资收入扩充了地方政府财政实力，增加了其参与经济的财力手段。司海平等（2016）认为土地收入与地方发债收入作为地方增加财政收入的两种主要途径，当地方政府通过卖地获取的财政收入减少时，其就会以发债的方法增加财政资金来维持支出。邵雪亚（2014）分析发现，土地收入是地方财政的重要组成部分，由于地方财政收入的减少，政府融资成为地方政府的必然选择。孙国伟和孙立坚（2013）发现地方政府在财政难以满足其开支需求时，会转向融资平台，通过土地收入与土地抵押为担保发债，形成土地融资链条以获取大量外部融资资金。

地方政府稳定的收入来源主要有土地收入、税收收入等。当地方政府面对财税收入冲击时[①]，不仅会对现有财政制度框架内的财政收支进行调整，例如调整土地出让收入和税收、减少公共物品等，也会通过金融渠道汲取资源，即从银行获取贷款借债。近几年房地产行业持续低迷造成土地出让收入锐减，新冠疫情造成部分地区税收增长相对缓慢，多地通过提高发行专项债券规模来缓解财政压力。

① 例如 2020 年新冠疫情暴发导致的地方政府收入下滑、税收增长乏力等。

第二节　地方政府融资可能带来的影响

一、地方政府融资的正面效应

地方政府在有限财力的条件下，需要依靠融资拉动投资，进而发展和调整地方经济结构。财政政策是国家宏观经济调控的主要手段之一，其主要利用财政收支、借债水平等方面的调整来影响整个社会经济活动，从而达到经济增长、物价稳定、充分就业等目标（梁帅，2017）。缪小林等（2013）认为地方政府向居民、企业等收取税费，从中央政府获取转移支付补助，如果这些仍不能共同满足地方社会经济发展的支出需求，就只能从金融市场举借债务。改革开放以来，我国将工作重心转移到经济建设上来，地方官员在地方经济发展中一直发挥着重要作用。例如，地方官员可以通过融资进行大规模基础设施投资，以保持本地较高的经济增长率（王柏杰，2014；Aikman et al.，2015）。司海平（2017）认为，地方发债可以成为地方政府自主调节产业结构变动的财政手段，但其是否对产业结构形成正面影响取决于其是否投向相宜地区与规范发行。虽然 2015 年开始重视地方政府融资过程中的风险，但财政部并未对地方政府融资实行“一刀切”，而是以债务置换缓解风险。通过置换来缓解地方财政资金压力，其目的是“稳增长”和“调结构”，有学者曾表示，发行地方政府债券置换存量债务也是稳增长的重要举措。当前经济下行压力加大、地方财政收入增速持续放缓，发行地方政府债券置换存量债务，有利于保障在建项目融资和资金链不断裂，处理好化解债务与稳增长的关系。

地方政府融资对发展中国家的城市化进程具有非常重大的意义（何杨、满燕云，2012）。Bird 和 Tassonyi（2001）认为城市发展所需的大量市政建设资金需要政府借款的支持。新型城市化的健康发展需加快配套基础设施建设。在我国地方财政状况不容乐观的情况下，通过搭建地方政府融资平台筹集资金，成为城市化建设融资的主要模式和资金来源，其作为地方政府突破财力限制、综合运用社会资源服务经济发展的一种体制创新，在2008年国际金融危机期间为推动城市化建设发挥了重要作用（王刚、韩立岩，2003；巴曙松等，2011）。吕健（2014）发现地方政府在快速的城市化进程中，举借了大量资金投入到城市基础设施建设中，对城市发展起到了重要作用。

二、地方政府融资的负面效应

地方政府融资可能带来资源配置的低效率。Baum et al.（2013）对债务的经济增长绩效呈现出“倒U形”状态提出了几种解释，其中一种就是地方政府忽略了融资资金的使用效率（Bohn，1998；Mendoza & Ostry，2008；Lo & Rogoff，2015）。Lo和Rogoff（2015）的研究表明，政府通过增加基本盈余或减少赤字的方式应对不断上升的公共债务，使公共债务限制了生产性公共支出的长期增长。公共债务会产生金融风险或者预期未来的金融压抑（Cochrane，2011），并可能与更高的主权利差引发更高的实际利率和较低的私人投资（Laubach，2009）。由于债务水平随着GDP的增长而上升，债权人会要求更高的利率来补偿违约的风险，这种效应会增加融资成本，限制投资（Greenlaw et al.，2013）。黄健（2018）等认为地方政府融资推动的政府投资支出可以在一定程度上促进经济增长，但效果不可持续，随着融资规模的不断加大，其对经济增长的促进作用逐渐减弱，并最终对经济增长起到抑制作用。以经济增长为主的考核机制有效缓解了中央政府处理信息的难题，但会引导地方政府将融资资金更多投向市政建设领域（郭玉清等，2017）。

地方政府融资可能会导致低效率的投资。从发展经济的角度来看，由于中央政府搜集地方信息时很难对作为代理方的地方政府行为施以有效的契约约束，各地纷纷不顾自身财力和条件，盲目使用融资资金投资建设项目，产业结构趋同、重复建设严重等问题始终难以得到有效解决（郭玉清，2011）。Wildasin（2003）研究发现，若地方政府面临预算软约束，则有过度融资和支出、较少关注投资项目质量的倾向。徐建国和张勋（2013）构建了中国政府部门和公有部门资产负债表，通过对投资回报率的详细测算后发现，地方政府融资主要投向周期长、外部性大的基础设施。缪小林和史倩茹（2016）认为在晋升激励的驱动下，地方官员可能会忽略当地财政承受能力，单纯为了支出规模扩张而去融资。

地方政府融资可能会对信贷市场乃至企业创新产生负面影响。近些年，我国金融市场发展迅速，但地域性分割的现象仍未彻底改变，商业银行作为信贷资金的主要提供方，严重受到地方政府的影响（郭玉清等，2016）。温军和冯根福（2012）研究发现，非国有企业比国有企业具有更高程度的创新投入和产出。刘畅等（2020）发现地方政府融资平台的成立对县域中小企业贷款存在“挤出效应”。在地方发债挤占了较多金融资源的情形下，民营企业会减少创新资源投入，创新资源短缺，具有“信贷软约束”优势的国有企业的主观创新动力不足，综合导致了地方债对企业创新投入和产出水平的抑制效应（朱晨赫等，2018）。支持创新的融资来源是企业进行高水平、高质量创新活动的主要驱动（Acharya 和 Xu，2017）。

地方政府融资体系是建立在国家财政制度基础之上的融资体系，反映了中央政府对地方政府财政权力的控制程度。地方政府融资获取债务收入是一种地方政府财权增加，因此如财政分权一样具有两面性，即正面效应与负面效应。一方面，融资使地方政府有更多资金发展经济；另一方面，融资过程中造成无效投资、重复建设，甚至可能影响信贷资源的配置效率。

第三章 地方政府融资与经济发展

第一节 地方政府融资与经济增长

一、政府融资影响经济增长的基本逻辑

如前文所述，2009年后我国地方政府融资造成的债务规模急速膨胀，城投债发行也愈演愈烈，这与当时中央出台四万亿投资计划是密不可分的。可以说借债、发债是地方政府提振经济的必要手段。即使2015年国家开始重视地方政府融资过程中的风险，下达了诸多规范地方政府融资行为的文件，财政部也并未对地方政府融资实行“一刀切”，而是进行了债务置换。因为中国经济进入新常态，大多数学者认为融资是地方政府稳定经济的主要方式。地方政府融资是否能够促进地区经济增长？

政府融资与经济增长的关系一直未有定论。不少国外文献对公共债务影响经济增长的问题进行研究。一些学者认为公共债务对长期经济增长不利。在世代交叠模型与内生增长模型中，债务的增加使人们将更多的财富用来支付债务利息，这将减少储蓄，扭曲未来的公共支出和税收，进而削弱经济增长（Blanchard，1985；Saintpaul，1992）。一些学者持政府举债能促进经济增长的观点，他们认为，持续的衰退不利于未来的经济潜在产出。因此，政府通过举债增加政府支出等积极的财政政策可以帮助经济走出衰退，对经济的长期增长有着促进作用。另外一些学者关注不同债务的阈值对经济发展的影响，他们认为债务对于经济的作用效果是不确定的，在阈值之下债务会促进经济增长（Woo & Kumar，2015）。

由于地方政府是推动地方经济的主要力量，因此地方政府融资与经济增长的关系研究也吸引了我国大部分学者的关注。缪小林和伏润民（2016）发现以债融资虽然总体上促进县域经济增长，但因为不同区域

的投资需求不同，“挤出效应”不同，地方政府融资的促进作用也不尽相同。孙亚兰（2015）通过实证分析发现地方债务对经济增长有着显著的正向效应，这种效应随着债务规模的扩大而降低。她认为过度的地方政府融资形成的债务对私人投资产生了“挤出效应”，降低了经济增长。徐长生（2016）等认为地方政府融资通过促进当地基础设施建设来影响地区经济增长，并证明了地方政府融资对我国城市经济发展有显著的正向促进作用。吕健（2015）从流动性的角度出发，发现举借地方政府融资通过影响地方政府事权、基础设施投资等提高了投资规模和投资机会，拉动了城市经济增长。还有一些学者认为地方政府融资对经济发展的影响是非线性的，当地方债务率较低时，扩大债务规模有助于促进经济增长，当地方债务率较高时，增加债务将减弱其对经济增长的促进作用。不同类型债务对经济的作用效果不同，由于隐性债务对私人投资的“挤出效应”更强，当隐性债务占比过高时，地方债务规模的扩张会对经济产生负面影响（刘哲希等，2020）。

总的来说，公共投资、私人投资与公共支出是地方政府通过融资影响经济的 3 条主要路径。

第一，公共投资。在有限财力的条件下，地方政府融资的主要目的是为公共投资融资。地方政府融资资金增加了基础设施投资的流动性，提升了市政建设等投资的回报率，使经济释放出较大的增长潜力（韩健和程宇丹，2019）。另外，地方政府通过搭建融资平台等方式筹集资金，为推动新型城市化建设发挥了重要作用。城市化进程的推进，又带动了各生产要素更有效地配置到工业和生产性基础设施中，从而促进了经济增长。

第二，私人投资。地方政府通过融资提升城市公共服务水平，建设产业园区有利于招商引资，促进私人投资。但融资对于私人投资的影响有可能是非线性的，地方政府通过融资形成的债务规模控制在一定区间内有利于私人投资的提高，但当其过高时，有可能挤占银行信贷，挤出私人投资。

第三，公共支出。虽然地方政府融资资金只能用于公益性资本支出，不得用于经常性支出，但融资资金仍增加了地方政府的可用资金，直接缓解了政府预算约束。对于一些必要的公益性项目，地方无须挪用其他收入，可使用融资资金作为其保障，那么其他财政收入就可以更多投入到经常性支出中，提高总的公共支出水平。

综上所述，地方政府融资形成的债务规模增加有可能推动经济增长，地方政府为了经济而融资具有其内在的驱动力。当地方政府融资手段得到放开之后，地方官员利用这个机会去开展地方经济建设，可能将该资金用于城市化建设、固定资产投资、工业园区建设等，以满足城市化进程加快、人口膨胀和招商引资的需求，最终使经济发展水平得到提升。总的来说，在我国现行“财权与事权不匹配”的财税体制下，融资是地方政府筹措财政资金的一种有效方式，也是地方政府在预算约束下获得更多财权的重要途径，可以使地方政府运用更多的资金和手段发展经济。

当然，地方政府融资也可能不利于经济增长，公共债务会产生金融风险或者预期的金融抑制（Cochrane，2011）。当债务水平随着 GDP 的增长而上升时，债权人会要求更高的利率来补偿违约的风险，这种效应会增加融资成本，限制私人投资（Greenlaw et al.，2013）。从发展经济学的角度来看，中央政府与地方政府存在信息不对称的问题，难以完全掌握作为代理方的地方政府的行为。在缺乏有效监督的情况下，地方政府融资可能会出现重规模、轻偿还、轻效率的情况，即地方政府融资过程中没有谨慎地遴选融资项目、没有建立完善的偿债能力评估机制，融资资金投入产出效率比较低，最终可能造成产业结构趋同、重复建设严重等问题。Wildasin（2003）认为地方政府实施的财政政策有可能会造成生产要素的低效率流动，上级政府需要对其财政支出进行约束。在我国，财政资金紧张的地方政府可以通过融资来实施财政政策，但为避免资金使用的低效率，需要中央政府去严格限定融资程序及用途。

二、地方政府融资影响经济增长的实证分析①

本部分使用城投债发行数据简单考察2009—2015年地方政府融资对经济增长的影响。结果发现：地方政府发行城投债能够促进城市经济增长。从空间上来看，城投债发行对经济增长的作用效果在各地区之间存在差异。城投债显著促进了东部地区与中部地区的经济增长，对于西部地区的经济发展影响效果并不显著。

本部分参考大多数文献的做法，选择将人均实际GDP作为被解释变量。人均GDP反映了当地的经济发展水平。具体而言，根据统计年鉴中收入的每个城市每年的名义GDP，以1978年为基期对其进行平减，然后除以当年年末人口。

核心解释变量：城投债发行量/GDP。综合既有研究看，大多数文献选择城投债发行作为研究地方政府融资行为的窗口。中国于2009年开始大规模发行城投债，且2015年之前中央对地方政府融资的限制较少。地方官员可以利用债务资金进行各种投资，从而投入到有利于经济建设的领域，这与其他债务资金主要用于解决经常性财政收支缺口有着根本的不同。城投债具有市政债性质，研究城投债对经济增长的影响，对今后市政债券的发行具有一定的启示意义。城投公司作为地方政府在现有法律体系下创新的一种融资平台，其债务发行数据涵盖债券各种基本信息，可靠且易获得。因此笔者选择城投债作为本部分的研究对象。宏观经济数据与城投债发行数据均来自Wind数据库，少数缺失数据从《中国城市统计年鉴》中补齐。土地数据来源于《中国国土资源统计年鉴》。据此，本部分统计了2009—2015年所有发行城投债的数据，计算出了人均GDP以及其他控制变量。为了使数据具有可比性，本部分将直辖市的数据剔除，把县级市发行主体并入所在地级市，即将研究的范围聚焦到地级市层面。此外，鉴

① 本部分引自司海平、李群、於勇成：《地方发债与经济增长》，《科学与管理》2019年第5期。

于新疆、西藏受到中央政策倾斜，并且经济数据的缺失较多，本部分把这些地区的样本予以剔除，最终得到研究年份区间内的发债样本共 956 个。

影响经济增长的因素众多，根据新古典经济增长模式——索罗模型，本部分将从劳动、资本、技术进步这几个方面考虑控制变量的选取。投资与人口是最基本的要素积累因素，因此将全社会固定资产投资占 GDP 比重与年末人口的对数作为控制变量。人口素质的提高可以带来人力资本的提升，从而通过增加全要素生产率、提升创新效率等方式促进经济增长。按照多数文献做法，以《中国城市统计年鉴》中“每万人在校大学生人数”这一指标衡量人口素质。外商投资可能为当地带来先进的管理经验与技术，一定程度上反映了对外开放的程度。土地要素是经济增长的重要筹码（李成友等，2020），杨海生等（2014）认为地方可通过利用土地出让收入投资于公共基础设施进而推动城市的经济增长，因此将土地收入也纳入控制变量。其他相关文献认为产业结构和地方税负水平会直接对一个地域的经济发展产生影响。综合考虑上述提到的变量，将其一一纳入回归方程。最终添加以下控制变量：投资率（全社会固定资产投资占 GDP 的比重）、人口规模（年末人口对数）、人口素质（每万人在校大学生人数）、外商直接投资占 GDP 比重、产业结构（第三产业比重）、城市税负水平（城市财政收入占 GDP 的比重）。各数据均作了对数化处理，描述性统计见表 3-1。

表 3-1 描述性统计

变量	含义	观测值	平均值	标准差	最小值	最大值
rengdp	人均 GDP	2017	4.551	4.527	0.149	49.31
bondgdp	城投债发行量占 GDP 比重	956	0.0264	0.0204	0.000369	0.189
assetgdp	全社会固定资产投资占 GDP 的比重	2016	0.769	0.894	0.087	39.155
lpopu	年末人口对数	2019	5.86	0.749	-3.219	8.124
lhumancapi	每万人在校大学生人数	2161	4.757	1.057	0.637	9.749
fdigdp	外商直接投资占 GDP 比重	1912	0.021	0.028	0.000	0.956
llandincome	土地出让收入	1998	12.803	1.871	3.434	17.926

续表

变量	含义	观测值	平均值	标准差	最小值	最大值
sanchanbi	第三产业比重	1932	0.043	0.046	0.003	0.565
shourugdp	城市财政收入占 GDP 比重	1975	0.074	0.027	0.007	0.362

资料来源：Wind 数据库、《中国城市统计年鉴》和《中国国土资源统计年鉴》

城市的经济发展是一个持续积累的过程，现在与过去的经济发展水平可能高度相关。因此，需要考虑滞后一期的人均 GDP 对当期人均 GDP 的影响。笔者将被解释变量滞后一期引入回归方程，使用动态面板 GMM 方法估计城投债对于当前经济发展的影响。与传统的静态面板相比，动态面板更能体现变量之间的动态变化趋势。为了保持结果的稳健性，本部分还使用 OLS 方法进行回归，具体计量模型如下：

$$rengdp_{it} = \alpha + \phi rengdp_{it\text{-}1} + \beta bondgdp_{it} + \lambda X_{it} + \varepsilon_{it} + \partial_{i} \qquad (3\text{-}1)$$

其中，下标 i、t 分别代表所属城市及对应年份，α 为截距项，ε_{it} 为随机误差项，∂_{i} 代表不随时间变化的因素。被解释变量 $rengdp_{it}$ 为 i 城市 t 年的人均 GDP。$rengdp_{it-1}$ 为 i 城市 $t-1$ 年的人均 GDP。核心解释变量 $bondgdp_{it}$ 为 i 城市 t 年的城投债规模与该城市该年的 GDP 比值。X 代表控制变量，包括全社会固定资产投资占 GDP 的比重、年末人口数、每万人在校大学生人数、外商直接投资占 GDP 比重、第三产业比重、城市财政收入占 GDP 的比重、土地出让收入的对数。

根据计量模型，本部分对地方政府融资的经济效应进行了检验。滞后一期的人均 GDP 显著为正，系数接近 1，说明滞后期的经济发展水平是影响当期经济发展水平的重要因素，侧面证明了使用动态面板的有效性。OLS 回归结果显示，在加入人口、投资等一系列控制变量后，城投债规模的系数为正，如表 3-2（1）列所示，说明发行城投债对当地经济发展有明显的促进作用。表 3-2（2）列中 AR（1）值小于 0.1，显著拒绝原假设；AR（2）值大于 0.1，显著不能拒绝原假设，即结果均满足进行 GMM 回归的条件，说明回归中所用工具变量是有效的，实证结果较为准确。在表3-2（2）列GMM回归中解释变量的系数显著为正，即发行城投债有利于城市的经济发展。

表3-2 地方政府融资与经济增长：动态面板

被解释变量	（1）	（2）
	OLS	GMM
	人均GDP	人均GDP
人均GDP滞后一期	0.8394***	0.8797***
	（0.0266）	（0.0197）
城投债规模	0.0258**	0.0500*
	（0.0105）	（0.0265）
常数项	35.1592***	
	（10.1475）	
控制变量	控制	控制
AR（1）		0.009
AR（2）		0.743
Hansen		0.226
样本量	757	464
R^2	0.9981	

注：*、**、***分别代表10%、5%、1%的显著性水平，括号内为标准误差。
资料来源：Wind数据库、《中国城市统计年鉴》和《中国国土资源统计年鉴》

我国幅员辽阔，各区域由于地理、文化、历史等因素导致要素禀赋不同，经济发展阶段有所差异。因此，虽然从全国层面上看地方发债促进了经济的发展，但发行城投债在不同区域可能会产生不同的经济效应。只回归全样本有可能忽略了地区之间的差异。本部分按东部地区、中部地区、西部地区将各发债城市样本归类，进行分地区回归，以考察城投债发行对各地区经济的异质性影响。

由于融资资金从投入项目建设到项目完成需要1~2年甚至更长时间，因此政府融资的经济效应可能具有时滞性，即当期发行城投债对城市以后的经济发展也会有影响，因此本部分加入滞后一期与滞后两期的解释变量。同时，相比于当期城投债，滞后期城投债具有更好的外生性。如果滞后期显著，则更验证了地方政府融资确实对于经济的发展有着推动作用。表 3-3（1）列、（2）列、（3）列中的结果显示，在东部地区和中部地区，无论是当期城投债，还是滞后两期的城投债，其发行规模都显著正向影响人均 GDP 的提高。可见，城投债的发行确实带动了东部地区与中部地区的经济增长。通过比较表 3-3（1）列和（2）列核心解释变量的回归系数发现，相比于东部地区，城投债发行量对中部地区的经济推动效应更大。中部地区正处经济崛起阶段，债务收入投入公路、水利等交通运输设施的建设，能够缓解当地政府紧张的资金约束，弥补中部地区基础设施和地理位置的劣势，为中部地区经济释放巨大活力。而表 3-3（3）列中，当期城投债与滞后两期的城投债对人均 GDP 的影响都不显著，说明西部地区城市的城投债发行未能对经济发展带来应有的促进作用。

表 3-3　地方政府融资的经济效应：地区异质性

	（1）	（2）	（3）
被解释变量	**人均 GDP**	**人均 GDP**	**人均 GDP**
组别	**东部地区**	**中部地区**	**西部地区**
城投债规模	0.1032**	0.1439**	0.0262
	（0.0411）	（0.0557）	（0.0431）
城投债规模滞后一期	0.1104**	0.1309**	0.0592
	（0.0426）	（0.0578）	（0.0602）
城投债规模滞后两期	0.0986**	0.1285*	-0.0102
	（0.0454）	（0.0722）	（0.0526）
常数项	-253.7773***	44.8660	-247.9954***
	（74.9823）	（88.4561）	（83.7597）
控制变量	控制	控制	控制
样本量	184	98	80

注：*、**、*** 分别代表 10%、5%、1% 的显著性水平，括号内为标准误差。
资料来源：Wind 数据库、《中国城市统计年鉴》和《中国国土资源统计年鉴》

东部地区的城市大多禀赋较好，在改革开放后率先实现了经济的飞速发展，其地方基础设施已日趋完善，政府可通过招商引资提升区域内经济实力。但随着城市化进程的加快，东部地区仍然需要大量的资金来完善相应的配套设施，城投债收入使地方政府有更多的机会来完善城市化过程中需要的软硬件基础设施。因此，对于经济条件较好的东部城市，城投债发行对当地经济有促进效应。与东部地区相比，中部地区城市的基础设施相对薄弱，需要更多的资金投入到市政建设中，地方政府融资增加了地方政府可利用的资金。同时，中部地区工业基础与经济发展形势良好，人力资源较为丰富且成本相对较低，当地方政府将更多融资资金投入民生项目，将吸引更多人才留在本地，最终提高了资源配置效率，实现了更好的引资效果。而经济落后的西部地区的城市，地方政府融资促进经济增长的效应并不明显，这可能因为城市的发展阶段未能与在建的软硬件基础设施相匹配。地方过度融资将加重资源的低效率配置，更严重的是，地方政府在融资过程中需要向银行借贷，有可能挤出私人投资造成银行信贷资金的低利用率，进而冲击当地应有的企业活力，不利于当地长期经济发展。合理规划政府债务投向在地方政府融资管理中应引起更多重视。

当融资收入投入到经济实力较强的东部地区、发展形势较好的中部地区时，资金使用正与当地发展阶段相适应，可以使得地方政府获得经济发展机会。而融资收入投入西部地区，不仅没有推动当地经济提升，还产生了各种无效投资和资源浪费等现象。可见，对于不同资源禀赋的地区，地方政府融资对经济增长的作用效果不同。

值得一提的是，地方政府融资对经济增长的影响是复杂的，以上实证研究只是简单地考察了城投债发行对经济增长的线性影响，并未考虑二者之间的非线性关系。但可以确定的是，地方政府融资行为如果不采取规范措施，将会为地方政府带来沉重的财政负担，新旧债务叠加对地区经济发展无疑是巨大的潜在风险。因此无论是东部地区、中部地区还是西部地区，都需要科学合理地控制新增规模，加强对债务资金用途的监督。

三、政策建议

基于本节研究结论，提出以下政策建议：

一是要培育良好的债券市场。地方政府与中央政府之间的财税关系引起的矛盾，短时间内难以调和，地方政府融资资金可能是解决地方政府财政收支不平衡、融资困难的长期手段。随着地方政府融资的规范化，发行市政债券可能会成为地方融资的最佳方式。因此需加强债券市场的规范化运行，使地方政府合理科学地运用债券资金。

二是地方政府融资是建立在国家财政制度基础之上的融资体系，中央应根据各地区债务风险、财力状况等实际情况，统筹考虑中央确定的重大项目支出、地方融资需求等情况，确定地方政府融资形成的债务限额以保障债务资金使用的合理性。同时，在法律上规定地方政府融资程序，保证融资资金投入经济效率更高的领域。

三是要严格建立地方政府融资管理机制。地方政府应将本地区融资额度全部纳入预算管理，使其主动接受监督；定期开展风险评估和预警，防止出现地方政府融资过程中的风险；根据法律设置地方政府融资的“天花板”，建立地方政府融资规模控制的长效机制。

第二节　地方政府融资与经济周期

一、经济周期中的地方政府融资行为

地方政府融资不仅是地方政府缓解资金约束、刺激经济增长的重要手段，还因其融资过程中可能出现的风险而威胁经济稳定。作为融资主体的地方政府有着促增长与防风险的双重目标，可能由于在宏观经济不

同阶段的目标侧重不同而做出不同的融资决策。笔者将以地方债务为窗口考察地方政府融资行为在经济周期中的变化特征，探讨背后的形成机制，一方面有助于全面地掌握地方政府融资行为变化的内在逻辑，加深对地方官员行为模式背后官员治理体制的理解；另一方面对于防范地方政府融资过程中的风险，促进我国经济平稳健康发展具有重要的现实指导意义。

面对迅速膨胀的地方政府融资规模，深入讨论其背后的原因成为摆在学者与政策制定者面前的重要问题。如前文所述，为了推动本地的经济增长，地方政府有着主动融资的需求。但融资除了受到发债额度的限制，还受到金融市场环境的影响。在宏观经济周期的不同阶段，资本市场的融资环境存在明显差异（Aikman 等，2015）。在经济繁荣时期，资产价格上涨，银行乐于“锦上添花”，信贷业务通常处于扩张状态，融资环境宽松；在经济衰退期，资产价格下跌，银行收缩信贷规模，融资环境严峻。而融资环境的变化直接制约着市场主体的融资选择（潜力、胡援成，2015），并且融资成本的高低也在深刻影响着地方政府的融资决策（潘俊等，2015）。那么，在既定经济环境下进行静态分析而缺少在动态背景下对地方政府融资成因的进一步探究，所得出的结论和政策建议可能并不可信。

当融资环境随经济形势而变化时，不仅会影响地方政府融资的实现，还会改变地方政府的融资决策方向。宏观经济形势的变化可能使官员开始重视经济增长之外的目标，从而改变决策。地方政府融资规模过大有可能带来经济风险，引发社会负面问题。2014 年中央组织部印发《关于改进地方党政领导班子和领导干部政绩考核工作的通知》（以下简称《通知》）。《通知》规定加强对政府债务状况的考核，把政府负债作为政绩考核的重要指标，强化任期内举债情况的考核、审计和责任追究。因此，主导政府行为的地方官员除了要考虑债务对社会经济所带来的各种风险，还要考虑对自身发展产生的负面影响，其进行融资决策时也更为慎重。尤其是在经济衰退期，由于经济不确定性的增加以及对偿债能力的担忧，官员可能会形成一种对于融资的谨慎行为。

笔者在已发表论文《地方政府债务融资的顺周期性及其理论解释》中使用2002—2014年省级面板数据，考察了地方政府融资行为在经济周期中的动态变化特征，发现：（1）地方政府融资规模积累速度呈现顺周期性。经济越繁荣融资规模积累速度越快，经济衰退越严重融资规模积累速度越慢。不同类型的地方政府融资行为在经济周期中的表现有所不同，其中显性债务只在衰退期呈现出顺周期性，而隐性债务在繁荣期与衰退期均表现为顺周期性。（2）进一步实证检验发现，地方官员的考核压力加剧了隐性债务的顺周期性。考核压力是驱动官员根据经济形势做出融资决策的重要因素，地方政府在经济周期的不同阶段对促增长与防风险双重目标侧重点不同，从而导致地方政府融资行为在经济周期中展现出顺周期性。

二、地方政府融资行为顺周期性原因探析①

针对前文对经济周期中地方政府融资行为特征的分析，不禁要提出以下几个问题：

第一，为什么地方政府融资行为呈现顺周期性？

也许是不同的市场约束会影响融资的实现，那么地方政府融资在经济周期中的动态变化特征可能只受外界融资环境约束。

首先，从信贷供给来看，银行贷款供给在经济周期中的变化有可能影响地方政府融资规模。银行信贷在众多国家中存在顺周期性，即信贷规模在经济繁荣时期增加，经济衰退时期减少（Bikker & Hu，2003；Kollintzas et.al，2011），这主要是因为不同经济形势下企业违约率与银行风险管理不同。尤其是当经济处于下行阶段时，放贷对象违约率升高使银行信贷政策

① 本部分引自司海平、刘小鸽、魏建：《地方政府债务融资的顺周期性及其理论解释》，《财贸经济》2018年第8期。

趋于保守（Borio 等，2001）。Kollintzas 等（2011）在 9 个 OECD 国家也发现了这一共性。经济增速下行阶段，企业违约率上升，风险冲击催生了银行的惜贷情绪，并且经济形势恶化导致市场缺乏流动性，银行收窄融资渠道，融资成本升高造成放贷减少，所以，国企或者地方政府融资平台在经济衰退时期从银行获得贷款的难度增大。银行在经济繁荣时期乐于放贷，作为与地方政府有着千丝万缕关系的融资平台在经济繁荣时期从银行得到的贷款更多。

其次，需求端的政府信用也将影响地方政府融资决策。地方政府主要通过借助土地抵押从银行获取贷款（范剑勇、莫家伟，2014），土地收入和房地产税收会明显影响到地方政府融资。土地收入是地方政府融资的制约因素（吉瑞等，2015），在经济良好的形势下，土地收入上涨增加了银行对于未来地方政府偿债能力的良好预期，可能会增加对地方政府的放贷。而经济衰退时期，土地收入的下降可能会造成银行对信贷投放的谨慎，对地方政府国企、融资平台信贷偿还贷款所依赖的土地收益和地方财政收入的预期降低。进而，国企或者融资平台可从银行获得贷款规模会缩减，所以土地收入可以部分反映当地政府的贷款信用。另外，银行对外贷款时需要考虑借贷对象的担保价值，而担保品作为一种资产，其价格是顺周期性变化的。

然而笔者在论文中使用计量方法即从资金供给端与资金需求端同时控制外部融资环境所形成的约束，总体融资规模呈现顺周期性依然明显，说明还有其他因素影响地方政府融资行为在经济周期中的变化。本书将从融资决策主体——地方官员的角度对此予以解释。

第二，为什么地方政府融资形成的隐性债务对经济周期的反应相比于显性债务更为敏感？

地方债务有显性债务与隐性债务之分。其中显性债务表现为明确的地方政府负债，反映在每年的政府财政预算表中。相比于隐性债务，显性债务可查可控，受到更加严格的监管，更易被中央政府掌控并受到中央的主动调节，同时显性债务规模小、适用范围较窄，增长速度较为平稳。而隐性债务在新《预算法》出台之后，才得到清理与甄别。2008—2014 年，地方政府隐性债务一直处于迅速膨胀阶段，并未得到有效的监管与处理，其渐渐成为地方政府进行各种项目建设、应对经济下行的重要资金来源。地方各级政府虽然未对隐性债务有直接的偿还责任，也不负有任何法律偿还责任，但当债务人出现偿债困难时，政府负有兜底责任，或政府可能需给予一定救助。例如，城投债的发行主体是融资平台，却享有地方政府的隐性担保信用，向银行借债更为容易，受到金融市场的影响可能更小。总之，地方政府融资冲动会在不同债务类型之间存在异质性，隐性债务有可能因为其隐蔽性而表现出更强的经济周期波动性。显性债务与隐性债务在衰退期债务规模减小的现象，既可能是受到了融资环境的约束，也可能是官员主动减少债务积累，因此有必要对地方政府融资行为顺周期性成因进行更细致的讨论。

第三，本书基于论文所得结果从借债决策主体——地方官员的角度解释，为什么经济越繁荣融资规模积累速度越快，经济衰退越严重融资规模积累速度越慢?

对于隐性债务而言，地方借债行为的变化是地方政府在融资环境因素制约下主动选择的结果。地方政府融资行为呈顺周期性并不完全由被动市场因素的约束导致，还可能是地方政府官员主动选择的结果。地方政府融资行为受到市场环境与发债动机两个方面的限制。其中，地方政府融资规模下限是地方政府自身对于融资的需求，而其上限是市场化融资约束，并且受到中央政府的监督与调控。地方政府会在此限定范围内进行融资选择。

一方面，在财政分权体制下，地方政府的财政收入往往无法与财政支出按相应比例提高，事权与财权不平衡的格局导致了地方政府的赤字压力及融资压力。地方政府通过融资缓解财政政策实施过程中所面临的金融约束（方红生、张军，2009）。此外，预算软约束和财政转移支付降低了信贷市场对地方政府融资的约束力，形成了地方政府融资过程中的风险（王永钦等，2016）。而地方政府在预算软约束下经常通过扩大隐性债务来掩盖风险，更加剧了财政不稳定性（龚强等，2011）。

另一方面，改革开放以来我国将工作重心转移到经济建设上来，地方政府官员通过融资来推动本地的经济发展（周黎安，2007；王柏杰，2014；Aikman 等，2015）。陈菁和李建发（2015）发现，晋升激励对中国地方城投债规模具有显著的扩张性影响。

然而，如果地方政府单纯地以 GDP 作为地区经济社会发展的目标，那么当地方经济陷入衰退时，地方政府势必会为了稳增长而多发债，但是与融资行为呈顺周期性事实相背离。尤其是地区经济衰退越严重，地方政府融资规模积累速度越低，即使控制了外部融资环境的恶化，这一现象依然明显。这也就意味着在经济衰退期，地方政府在主动减少融资行为。

实际上，地方政府在地区发展中存在多元的目标要求。根据我国宪法规定，县级以上地方各级人民政府依照法律规定的权限，管理本行政区域内的经济、教育、科学、文化、卫生、体育事业、城乡建设事业和财政、民政、公安、民族事务、司法行政、监察、计划生育等行政工作，发布决定和命令，任免、培训、考核和奖惩行政工作人员。此外，中央也并非关注单纯的经济增长，目前政府绩效考核日趋多元化。事实上，对官员的考核是一种全面、综合的考察，执行的是一套系统而复杂的指标体系。地方政府存在着多维考核激励，在中央考核目标多元化的情况下，地方官员所面临的考核压力不仅来自地区间增长的比较，还会受到地区经济稳定性等因素的影响。

具体到地方政府融资问题，地方政府融资资金支出不同于其他财政支出。各种形式的政府债务是财政风险的外在表现形式（郭玉清，2011）。具体来说，中国各级政府存在着大量的隐性债务，一旦下级政府出现还债困难，可能导致财政风险向中央聚集，威胁中央的财政安全。地方政府融资过程中的风险不仅影响财政可持续性，而且还有可能带来经济风险，引发各种负面的社会问题，从而完全背离中央稳定发展的大目标。尤其是中央一再强调要改变“唯GDP论”的政绩考核观念，树立正确的考核导向，说明中央选拔地方官员的标准并非经济增长一个方面。地区经济稳定可能是官员获得考核通过的基本条件，在通过基本考核之后，才获准参加GDP增长的锦标赛。因此，官员便形成了一种谨慎融资的行为模式。特别是近年来，中央越来越重视防范债务风险。2014年10月，国务院发布《国务院关于深化预算管理制度改革的决定》，提出把政府性债务作为一个硬指标纳入政绩考核。在中央防范债务风险的目标下，地方政府无疑会将控制风险纳入考虑范围。横向来看，在不同的经济周期之下，中央政府可能对目标的侧重有所不同，地方政府则会根据中央的目标来调整融资规模。那么，宏观经济形势的变化可能会使官员在多元目标之间有不同的侧重，尤其是在衰退期，防风险的要求更为突出时，地方官员反而有可能采取更谨慎的行为。

在多维考核激励下，地方政府面临着“稳增长”与“防风险”的双重考核目标，同时隐性债务的发行由地方政府自主决定，并且具有刺激经济增长与增加经济风险的双重后果。

在繁荣期，经济形势稳定，地方官员侧重于“增长”目标，而且，经济越繁荣，官员之间关于经济增长的竞争越激烈，由于没有经济风险的后顾之忧，政府官员会扩张地方政府融资行为。与此同时，经济增长压力越大的地区，地方官员越有可能进行融资。而在衰退期，“稳定”成为地方官员更多考虑的目标。考虑到地方政府融资可能带来的风险问题或者是受到中央政府对地方政府融资规模的目标规制，地方政府在衰退期会主动减缓融资速度。考核压力越大的地区，风险防范的诉求越高，地方官员越有可能采取更谨慎的行为，融资速度可能减缓得越快。

由于隐性债务在2014年前受到监管部门关注较少，更适合成为进行基础设施建设的融资渠道，因此地方政府对隐性债务的融资冲动更强。然而在经济衰退期，地方官员在经济压力下主动放缓隐性借债，经济形势的变化会使官员在多元目标之间进行权衡。

为什么会产生这样的选择结果？熨平经济波动需求、经济发展需求、投资需求以及实际财政支出需求是地方政府维持稳定、保证发展最基本的要求。作为融资的主导者，地方官员必须首先要实现这些基本目标。因此增加了对经济发展需求、投资需求、实际财政支出需求的考虑，结果发现在控制住人均GDP、固定资产投资和财政缺口之后，考核激励不再加剧地方政府融资行为的顺周期性。这意味着，经济发展需求、投资需求以及实际财政支出需求是考核压力影响地方政府融资行为呈顺周期性的因素。

三、政策建议

地方政府在经济周期的不同阶段对增长与风险双重目标侧重不同，导致地方政府融资行为在经济周期中展现出顺周期性。当然这也很大程度上依赖于银行信贷状况、土地价值变化等外部金融环境，与宏观经济联系紧密。

一方面，近年来中央要求各地区积极推进结构调整和新旧动能转换，以保持经济的健康发展。在此背景下，规范的地方政府融资体制是实现这一目标的重要保障。因此，地方官员将更加关注经济发展的效率，这样才能推动地方政府改变粗放型发展模式，推动融资资金投向创新补贴等高效率领域，最终使当地能够以提高全要素生产率的方式保证经济发展进入良性循环。另一方面，政府在保持宏观政策稳定性的同时，要注意对债务的管理做出相机调控。经济衰退期，在防风险目标诉求下，地方政府会主动减缓融资速度，鉴于融资可以作为地方政府促进地区发展的财力保障，中央不宜“一刀切”限制地方政府融资行为。但是在繁荣期，地方政府可能会加快融资速度。中央部门应加强对隐性债务增量的监管力度，防止地方政府融资规模过度扩张。

还有一个值得关注的问题是，地方政府融资行为呈顺周期性有可能给社会经济发展带来风险。地方政府预期通过融资提振城市经济活动，而其积累速度随经济繁荣而增加，随经济衰退而减小，不仅可能会加剧经济波动，更可能会使得中央的逆周期财政政策面临挑战。其实，面对经济周期性波动，中央和地方政府融资情况不同（石绍宾，2019）。政府获取资金主要有发债和税收两种方式，如果要减少税收，必然要提高借债规模。经济衰退期，相比于地方政府，中央政府更容易通过发行国债来放松其预算约束，因此能够在经济衰退期执行有力度的减税政策，即逆周期调节政策。地方政府由于一些主观和客观的因素，面对经济衰退减少了自身融资行为，那么这将有可能促使地方税务执法能力的提高，削弱逆周期宏观稳定政策的作用。

如果逆周期调控的财政政策仅靠中央财政，那么地方政府融资行为的顺周期性会影响财政政策的有效性，政策落实到地方时实际效果有可能与预期相背离。因此，除了从源头上治理地方政府融资行为的顺周期性，也可以把宏观逆周期调控从中央拓展到地方，共同实施。例如在面临经济压力时，中央可以增加地方政府融资的限额，以促进发行新增地方债券。

第四章 地方政府融资与产业结构

当前，我国经济总量稳居世界第二。在经济实力迈上新台阶的同时，我国产业结构还存在着一些问题，一是产业结构不合理，第三产业总体发展水平滞后，一二三产业及其内部结构仍需改善；二是产业发展水平层次较低，低附加值的传统产业亟须进行转型。尤其是新冠疫情以来，随着逆全球化加剧和全球产业链转移，我国产业结构升级及资本市场发展受到了多方面的挑战与冲击。因此，如何实现产业结构升级是我国实现经济的高质量发展需要回答的关键问题之一。尤其是近年来，中国经济进入新常态，产业结构升级被放在更加重要的位置上。同时，面对复杂多变的国际环境和国内经济增速放缓的现实情况，推动我国产业结构向价值链中高端攀升是当前提振经济的重要手段之一。在产业结构升级中，市场的力量得到大多数学者的认同，而政府在其中所发挥的作用却一直未有定论。其实，政府在产业升级和经济发展过程中扮演了重要角色（林毅夫，2017）。地方政府可能通过基础设施投资使得当地能够拥有优越基础设施条件，从而吸引人才、促进城市化进程和产业集聚，最后直接带动产业的发展。

目前国内的研究大多关注政府的产业政策实施是否对产业升级有效，忽略了产业政策实施的环境与条件。地方政府融资缓解了地方政府的财政资金压力，可能使地方政府有更多的手段去扶持产业，改善政府实施产业政策的环境与条件。近年来，地方政府通过融资获取的资金作为地区主要的预算外收入，使地方政府在财政收支方面拥有了更大的自主权，其在产业政策实施和产业升级中所起的作用也越来越明显。实际上，中国地方政府的产业政策对产业发展和转型升级具有重要作用，这种作用取决于地方政府的能力（韩永辉等，2017）。一方面，地方政府能够利用融资获取更多资金投入基础设施建设，城市基础设施的完善提高了资源配置效率和产业空间活动的活跃性，进而驱动了产业结构的升级；另一方面，地方政府进行融资挤占了过多信贷资源，可能加剧企业融资约束，降低企业研发投入，从而减少了企业创新产出，不利于产业结构的升级。

合理的地方政府融资模式和融资资金投向能够促进地区产业结构升级。随着地方政府融资平台日渐规范，地方政府融资平台在改革实践中渐渐转型，保证合理的融资模式能够促进产业升级，是经济高质量发展和财税改革中需要考虑的重要维度。

第一节 地方政府融资的产业结构效应

一、地方政府行为与产业结构调整

一些学者认为政府的“有形之手”对产业结构调整与优化存在负面效应（安苑、王珺，2012；褚敏、靳涛，2013），然而如果仅考虑政府对产业调节不利的一面，将无法充分解释在基础设施薄弱的改革开放初期，我国第三产业实现快速发展的历史事实（陆凯旋，2005）。焦勇和杨蕙馨（2017）发现，政府干预显著促进信息化、工业化的融合耦合程度，显著推动了产业结构高级化和产业结构合理化。其他国家的经验也表明，在产业结构优化过程中，政府的作用不可忽视。Nadiri 和 Mamuneas（1994）发现美国政府对公共基础设施和 R&D 的投资降低了制造业成本，提高了制造业劳动生产效率，进而影响了产业结构的变迁。Pereira 和 Andraz(2007）通过考察葡萄牙政府的交通运输设施投资对 18 种产业的影响，发现政府投资通过影响私人投资与促进就业推动了产业升级。

进一步而言，由于财政政策是中国政府实施宏观经济调控的主要手段之一，不少学者从财政支出的角度研究政府在产业结构变迁中的作用。储德银和建克成（2014）认为教育支出和科技支出对产业结构调整存在正向作用；严成樑等（2016）研究发现生产性财政支出和福利性财政支出促进了产业结构变迁。上述文献一定程度上反映了政府的财政手段对产业结构的调节能力，但地方政府的财政收入中有一部分为中央的转移支付，设有硬性要求，如果仅笼统地考虑总的财政支出，将难以准确检验地方政府在产业结构变迁中的自主性作用，进而无法考察不同禀赋的地方政府在面临不同资金约束时在经济发展过程中的作用力度。在中国现行财政分权体系下，预算外收入一定程度上反映了地方在中央约束下的财政自主程度，也是中国地方政府进行经济建设的主要资金来源之一。地方政府通过融资获取收入可以减轻资金约束、增加财政自主权（范剑勇、莫家伟，2014）。地方借债规模一定程度体现着地方的财政自主权，从债务资金的角度审视地方政府在产业结构变迁中的作用，可以更为精确地考察地方政府"有形之手"的产业效应，对该领域的既有研究形成有益补充。

中国经济持续高速增长的过程中一个重要特征是产业结构在不断变迁，同时地方政府融资又带有浓重的主观能动性色彩，这为研究政府在产业结构调整过程中所发挥的作用提供了经验事实。一方面，地方政府融资通过放松政府资金约束，促使地方政府在推动经济增长中发挥了积极的作用（陈菁、李建发，2015；吕健，2015）。我国经济进入新常态后，下行压力较大，财政收入增速维持较低水平。随着"稳增长"政策的不断加码，财政支出大幅增加，地方政府融资在此背景下尤其重要。另一方面，随着经济的进一步发展，地方政府融资规模迅速积累导致了地方经济逐渐出现了过度投资、产能过剩等种种现象（安国俊，2013）。作为地方政府实施财政政策的手段之一，债务发行对产业调整的作用效果如何？地方在为"稳增长"而发债的同时是否与中央"调结构"的任务目标相冲突？本节探讨地方政府融资对产业结构的总效应，无论是对于深化地方发债行为的认识，还是对于解决我国所面临的经济结构失衡问题，都具有重要的现实意义。

二、产业结构变迁的基本逻辑

既有文献多从需求、供给的角度解释产业结构变化的内生特征。需求驱动理论建立在恩格尔定律的基础上。由于消费者的偏好程度不同，随着消费者收入的提高，需求弹性大的部门增长更快，导致生产要素向这些部门流动进而引起产业结构的改变（Kongsamut et al.，2001；Gollin et al.，2002，2004）。而供给驱动理论则着眼于各行业生产技术方面的差异，行业间存在不同的技术进步率，这将使产出的相对价格对要素的需求也发生变化，因此产业结构将随着技术进步而发生变动（Ngaiand Pissarides，2007）。在此基础上，有学者发现行业间要素产出弹性的差异、生产要素之间的替代弹性差异也将影响要素的行业分配进而导致产业结构变化（Acemoglu & Guerrieri，2008；Alvarez-Cuadrado et al.，2016）。

无论是需求方面还是供给方面，产业结构变化的本质原因都是生产要素在不同经济部门之间的重新配置。一个经济体的产业结构由其特定的要素禀赋所决定，要素禀赋结构的变动将推动产业结构的变动。其中基础设置[①]作为要素禀赋一个重要的组成部分，其变动也会带动产业结构调整。林毅夫（2011）认为，经济结构变动需要政府因势利导的支持，并为政府推动产业结构变动提供了一般性的理论分析框架。郭小东等（2009）利用跨国数据进行实证研究，发现政府支出改变了全要素生产率以及劳动、资本在不同产业间的积累，对三次产业变革产生影响。严成樑等（2016）发现，政府的生产性支出和福利性支出分别通过提高全要素生产率与提升居民福利促进了产业结构变迁。石奇和孔群喜（2012）认为，政府财政支出通过改变生产要素在不同产业部门的积累，优化了三次产业结构的资源配置，改善了经济结构。可见，地方政府在产业结构变动中发挥了很大作用。

① 包括硬性基础设置和软性基础设置，硬性基础设置如交通、电力系统等公共设施，软性基础设置如制度、价值观体系等。

三、地方政府融资的产业结构效应

旧《预算法》规定地方政府不得发行债券，为解决资金需求和财政紧缺之间的矛盾，地方政府以融资平台为基础在债券市场上进行融资，即发行城投债。从承销商到投资者，所有债券发行环节的参与者都将城投债发行主体视为地方政府。2015 年 1 月，新《预算法》正式实施，明确提出对地方债务实行限额管理，发行债券是地方政府唯一合法融资途径，此前地方政府依赖的城投公司将被剥离政府融资功能。所以，2014 年后的城投债发行可能更具市场化。本节以 2009—2017 年城投债发行数据为研究样本考察地方政府在产业结构变迁中的作用，不仅能够加深对地方政府自主发债经济后果的认识，而且有助于理解产业结构变迁的逻辑。

地方政府通过发行城投债对第二、第三产业产生直接效应。如图 4-1 所示，城投债主要投向建筑业，电力、热力、燃气及水生产和供应业等第二产业，以及房地产业、批发和零售业等第三产业。可见城投债主要带动了地方政府对建筑业、房地产业等方面的生产性支出，而对于福利性支出——卫生和社会工作等投入极少。因此地方发行城投债对第二产业与第三产业均产生直接的正向效应。

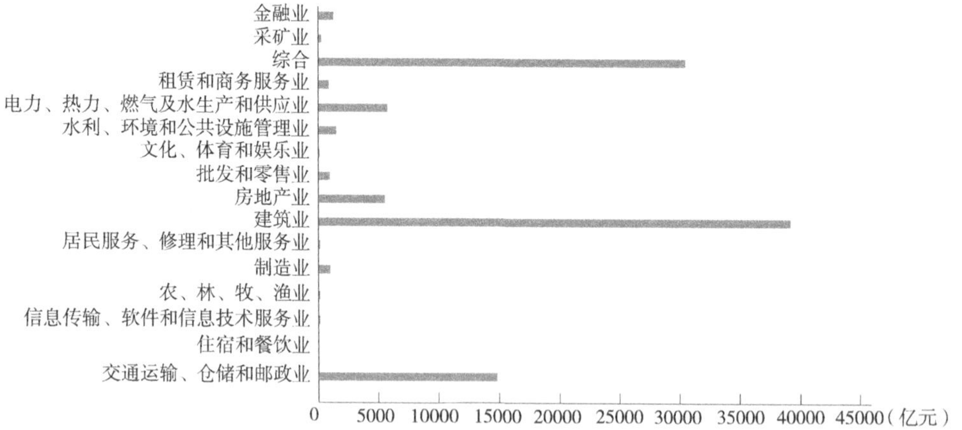

图4-1　2009—2017年城投债细分行业投向

资料来源：Wind 数据库

地方政府发行城投债将对第二、第三产业产生间接效应。首先，从供给的角度出发，从不同债务投向考察债务资金如何通过生产要素间接影响产业结构变迁。（1）城投债促进了劳动力转移和技术水平提高。从图 4-1 可以看出，城投债在建筑业的投入占较大比例，并且投向建筑业的资金具体用于推进动拆迁、旧城改造以及建设保障性住房，加上对于水利、电力等城市基础设施的投入，因此可以认为城投债是财力有限的地方政府推动城市化建设的一个重要力量。从转移劳动力的流向上看，目前中国正处于第二产业转型升级时期，需要高技能劳动力，而第三产业处于发展初期，能更好地消化吸收低水平技能劳动力。城市化率的提高还将增加地区对服务业的需求，吸引更多的劳动力流向服务业。此外，城市化进程的加快促进了产业集聚，使产业间技术水平和创新能力提高，形成带动产业升级的强大引擎（Michaels et al.，2012；张浩然、衣保中，2012），从而促进全要素生产率的提高。（2）城投债影响了资本积累与资本成本。地方政府在经济发展过程中，可以利用发行债务来获取预算外收入以改进硬性和软性基础设置，进而在产业调整中产生积极作用。城投债投向基础设施建设领域，不仅直接增加社会固定资本，通过改变不同产业的资本积累促进产业结构变动（郭小东等，2009），还将间接产生集聚效应，带动基础设施相关产业发展，如铁路、其他交通运输设备制造业等，影响人力资本与物质资本的积累。从资本成本的角度看，地方政府将部分债务资金投入基础设施的建设，带动了周边房租价格上涨，而租金这种生产成本的上升将会影响工业企业利润，可能会成为第二产业持续发展的阻碍（黄少安等，2012）。

其次，从需求的角度分析其他城投债投向如何间接影响产业结构变动。如图 4-1 所示，有部分城投债被投入金融业，信息传输、软件和信息技术服务业，文化、体育和娱乐业等有利于民生消费性支出的产业中。一方面，政府民生消费性支出的增加将引导居民消费模式发生改变，促进居民在文化、娱乐、体育等领域的非物质产品消费，带动相关第三产业就业和产业结构调整。另一方面，政府对于卫生教育的投入会间接改善居民福利、提高居民收入与稳定居民预期（宿玉海等，2021）。根据广义恩格尔定律，这将增加该地区对第三产业的需求。

从国际产业结构演进的经验看，由现代服务业逐步取代传统工业，是发展中国家迈向高收入国家必须经历的产业结构变迁阶段。尽管综合上述分析，笔者认为地方政府融资势必会影响第二、第三产业发展，但是由于作用渠道更为复杂，城投债发行会对第二、第三产业产生怎样的作用，则需要通过具体实证检验才能得到有效的结论。

四、产业结构效应的地区异质性

各城市自然禀赋、社会禀赋不同，地区间政府行为受到的影响因素复杂，不同区域之间地方发债的产业结构效应可能会存在明显差异。为了更为细致地考察地方政府融资对产业结构的影响，笔者通过将全国发行城投债城市样本分为东部、中部、西部地区之后，为了更直观地探究地区间产业结构效应的异质性原因，并整理了东部、中部、西部地区城投债投向情况。如表 4-1 所示，东部、中部、西部地区城投债都较大比例地投向了第二产业和综合类。但东部地区对第二产业的投入占比比中部、西部地区少，其中东部地区将 42.12% 的城投债投向了第二产业，而中西部地区所发行的城投债有 47% 左右投向了第二产业，而且东部地区对第三产业的投入（25.09%）比西部地区（20.83%）高 4.26 个百分点。就直接投向来看，西部地区对第三产业的促进作用相对于东部地区小。

表 4-1　2009—2017 年分地区城投债的三次产业投向　　单位：%

产业分类	东部地区	中部地区	西部地区
第一产业	0.13	0.01	0.04
第二产业	42.12	46.38	48.03
第三产业	25.09	25.09	20.83
综合	32.66	28.52	31.10

资料来源：Wind 数据库

表 4-2 列出了东部、中部、西部地区城投债的具体产业投向。笔者发现，区域之间最大的投向区别在建筑业上。中部地区的债务资金 40.42% 都投向了建筑业，比东部地区投向建筑业的债务资金比例多 6.18 个百分点。这表明中部、西部地区的城投债收入主要用来进行动拆迁、旧城改造、开发区建设等推进城市化的政府投资。

表 4-2　2009—2017 年分地区城投债的具体产业投向　　单位：%

门类行业	东部地区	中部地区	西部地区
综合	32.70	28.52	31.10
农、林、牧、渔业	0.15	0.01	0.04
制造业	1.29	1.41	1.63
建筑业	34.24	40.42	39.31
采矿业	0.02	0.30	0.13
电力、热力、燃气及水生产和供应业	6.57	4.26	6.95
租赁和商务服务业	0.97	0.09	0.62
金融业	1.64	1.75	2.44
交通运输、仓储和邮政业	12.80	14.54	9.97
住宿和餐饮业	0.02	0.08	0.00
信息传输、软件和信息技术服务业	0.17	0.24	0.28
居民服务、修理和其他服务业	0.02	0.21	0.02
房地产业	6.66	6.12	5.93
批发和零售业	1.29	0.48	0.37
文化、体育和娱乐业	0.06	0.05	0.20
水利、环境和公共设施管理业	1.39	1.52	1.01

资料来源：Wind 数据库

东部地区正处于后工业化时期，服务业有明确的集聚倾向。城投债发行所带来的基础设施改善可能正与其产业发展阶段相适应，为东部地区的产业结构变迁起到了锦上添花的作用。而中部、西部地区原本基础设施与基础服务就较为落后，加上发债资金投向基础服务业不足，导致城市化后的地区无法拥有相配套的公共服务设施，进而无法带动农村劳动人口转移，形成生产要素的自由流动，也就无法吸引人才和形成产业集聚，产生促进技术进步以及全要素生产率的提升等一系列对于产业结构升级的正面效应。这可能是中部、西部地区城投债对产业结构变迁的作用不显著的原因。反而由于城投债投入建筑业过多而没有提供足够的公共设施，形成大量空城，造成投资浪费，对产业结构产生拔苗助长的不利影响。另外，东部地区投向交通运输业、金融业的资本明显比中部、西部地区多，中部、西部地区对建筑业的投入比东部地区多。据此可以认为，在中部、西部地区，城投债并没有在居民福利、消费模式等需求端对第三产业产生正面效应。

地方政府融资可以成为地方政府自主调节产业结构变动的财政手段，但其是否对产业结构形成正面影响取决于其是否投向相宜地区与规范发行。目前地方政府的总体财政状况依然严峻，鉴于本节的研究，笔者认为可以为了保增长与调结构适当使用以城投债为代表的地方政府融资平台这一载体，但要根据当地经济和产业发展阶段的实际情况规范地方政府融资行为。

第二节　地方政府融资资金投向与产业结构

促进产业结构转型升级已成为我国当下发展的重要任务。面对转型发展的要求，政府为推动产业结构升级实施了一系列支持政策，如进行财政补贴、加大税收优惠力度、建立产业园区等。但是，1994 年分税制改革后，地方政府财权和事权的不平衡导致财政资金紧张，地方政府可能没有充足的资金去扶持产业，因此产业政策的实施效果不如预期。我国的地方政府是支持产业发展的最主要行动者。地方政府融资作为地方政府获取可支配的资金手段之一，能够有效缓解地方政府的财政压力，使地方政府拥有更大的能力与更多的手段去实施产业政策，其在产业政策实施和产业升级中所起的作用也越来越显著。特别是近年来随着城市化进程的加快，需要更多城市基础设施建设资金供给，迫切需要政府拓宽融资渠道。融资资金用于建设产业园区、交通运输设施、水利电力等基础设施，不仅投资项目本身会促进三次产业的调整，还会通过吸引人才、促进科技产出带来溢出效应，而溢出效应则会推动各行业的产出增长。

在现实中，地方政府融资资金将投向不同行业。合理的地方政府融资资金投向与规模可以带动产业的合理化和高度化，而不当的地方政府融资投向不仅会降低金融市场的资金使用效率进而为产业结构升级带来负面影响，更严重的，还可能诱发“地方债务陷阱”，最终对产业升级产生负面影响。地方政府融资资金的不同投向是否对产业结构的影响不同，融资资金如何进行配置才更有利于产业结构的优化?

2015 年初新《预算法》实施，规定省级政府可以在国务院确定的限额内，以发行地方政府债券的形式举借债务；同时提出剥离融资平台政府融资职能，甄别并置换存量政府债务。虽然新《预算法》彻底划清了地方政府与城投公司的责任界限，但城投公司业务仍与政府投资项目有着千丝万缕的关系。例如，很多城投公司发债项目是由政府进行回购，或者由关联公司担保。在 2015 年相关监管政策收紧之后，为应对经济增长压力，政策又出现短暂的宽松期，以公司债为代表的城投债发行大幅扩容。2015—2017 年可以看作城投债发行的过渡期，在此期间城投债资金的使用某种程度上依然代表着地方政府的投资意愿。

本节以 2009—2017 年地级市城投债发行数据为研究样本，实证分析了地方政府融资对产业结构升级的影响，结果表明，城投债发行推动了产业结构升级，融资资金投向不同行业对产业结构升级的影响效应存在差异。融资资金投入建筑业和交通运输等传统基础设施行业对产业结构升级没有显著影响，投入综合类行业、房地产业、科技文化业将对产业结构升级产生明显的正向影响，投入金融业不利于产业结构升级[①]。研究对如何融资债务资金利用效率和合理规划地方政府融资资金投向提供了启示。

一、地方政府融资资金投向与财政政策

一些学者发现，政府财政政策与产业结构升级有着紧密关系。张同斌、高铁梅（2012）发现，政府利用财政激励手段与税收优惠政策都能够有效地提高高新技术产业产值，且前者比后者的效果更好。王立勇、高玉胭（2018）根据准自然实验的数据分析了财政分权改革对产业结构升级的影响，他们发现，当地方政府拥有了更多经济自主权时，就有更多机会去发展经济，推动当地产业结构升级。地方政府大规模融资的同时预算外支出也会增加。一些学者认为，政府在不同领域的支出对产业结构优化的影响效果不同。储德银和建克成（2014）发现，我国政府行政管理支出和投资性支出对产业结构调整存在负面效应，而教育支出和科技支出显著正向影响产业结构调整。贾敬全和殷李松（2018）认为，政府在社会保障、医疗卫生、文化传媒方面的财政支出可以促进产业结构优化。具体而言，科技支出、社会保障支出等能够提高人力资本，提高企业科技创新积极性，最终促进产业结构发展（Czarnitzki D，2005；Baldacci E，2008）。张旭和伍海华（2002）认为，我国银行和资本市场通过提供金融服务影响储蓄投资，改变生产要素配置结构，最终实现我国产业结构调整。那么当地方政府将融资资金投向不同领域和不同行业，其对产业结构的影响效应也应不尽相同。李成友等（2021）认为财政支出具有城市偏向性特征，会将有限资源集中分配给城市高技能劳动力。

① 司海平、李群：《地方发债、债务投向与产业结构升级》，《工业技术经济》2020 年第 1 期。

地方政府融资可能在 3 个方面对产业结构升级起到支持作用。一是地方政府通过融资为企业创新提供补贴。企业创新的提升将改善产业间的资源流动与关联，改造传统产业，推动产业链向纵深领域发展，最终促进产业转型升级。二是地方政府融资对交通运输、水利、电力等城市基础设施投入资金，使人力资本与物质资本不断积累，将推动城市化进程，促进产业集聚，提高产业间技术水平和创新能力，形成带动产业升级的强大引擎。三是地方政府融资建立起产业园区，通过共享资源、克服外部负效应，带动关联产业的发展，有效地推动产业升级。周彬等（2018）认为土地财政表面上看是通过招商引资、发展房地产业促进了经济增长，但实际因提前去工业化损害了干中学的人力资本积累，损害了市场自发的匹配和集聚效应，缩短了生产性服务业充分发育的阶段，也使得供需结构提前发生变化。司海平等（2017）发现地方政府以发行城投债的方式融资能够促进产业结构调整。然而，地方政府对融资管理的缺陷造成重复建设与资源浪费，更严重的将对金融系统安全造成冲击。图 4-2 为地方城投债发债规模与产业结构指数的散点图。可以看到，城投债发行规模与产业结构指数之间呈现明显的正向关系。

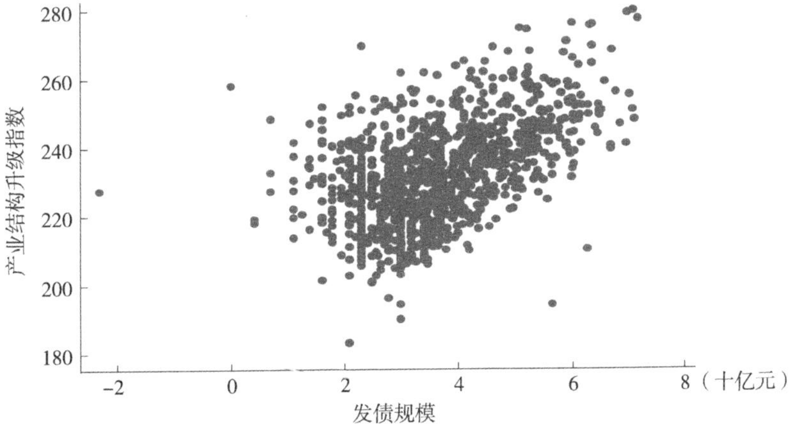

图4-2　地方城投债发债规模与产业结构指数的散点图

资料来源：Wind数据库

二、融资资金投向对产业结构影响的实证分析

（1）被解释变量：产业结构的升级代表了产业结构高级化与合理化的提高，也代表了产业结构的变迁和产业生产效率的提升。大多数文献使用三次产业之间的变动关系来衡量产业结构的升级。根据陈淑云和曾龙（2017）的做法，测算产业结构升级水平，构建产业结构升级指标。测算公式如下：

$$industruc = \sum_{k=1}^{3} I_k \times k = I_1 + I_2 \times 2 + I_3 \times 3 \tag{4-1}$$

其中，*industruc* 表示产业结构升级指数，该指数越大代表产业结构升级水平越高。I_k 表示第 k 产业的产值占总产值的比重，即 I_1、I_2、I_3 分别表示第一、第二、第三产业占总产值的比重。

（2）城投债债券是中国地方政府在现有制度下创新出来的一种“市政债券”，探索城投债规模及投向对产业升级的作用，不仅有利于今后地方政府融资平台的规范化发展，也为以后发行市政债券提供了启示。基于前文分析，将核心解释变量设定为：①城投债规模变化。这里使用每年发行城投债的对数表示，发债规模代表了城市募集资金的规模，发债速度越快说明政府募集的资金越多，政府利用债务收入投入各个行业各个领域的资金越多。②城投债资金投向比例，使用投入城市每个行业当年的债务资金与该城市该年城投债发债总额的比值表示。债务资金投向是指地方政府融资平台募集的资金投入不同行业。按照 Wind 数据库城投债中的“所属证监会行业名称”来确定债务资金投向行业。2009—2017 年城投债发债总额投向比例如表 4-3 所示，从城投债投向细分行业来看，投向总额居前几位的依次是建筑业，综合类，交通运输、仓储和邮政业，电力、热力、燃气及水生产和供应业，房地产业，水利、环境和公共设施管理业，金融业。由于城投债投向其他行业的比例过小，这里不再进行研究，只针对投向比例居前几位的进行研究。交通运输、仓储和邮政业，电力、热力、燃气及水生产和供应业，水利、环境

和公共设施管理业都是明显属于城市基础设施建设的行业（张军等，2007），因此将这3个行业的投向比例加总组成基础设施行业投向比例。文化、体育和娱乐业与信息传输、软件和信息技术服务业属于科技与文化领域，具有典型研究价值，将其投向比例加总得到科技文化业。

表4-3　2009—2017年城投债发债总额投向比例　　单位：%

门类行业	占比
农、林、牧、渔业	0.09
文化、体育和娱乐业	0.08
住宿和餐饮业	0.05
租赁和商务服务业	0.83
居民服务、修理和其他服务业	0.09
信息传输、软件和信息技术服务业	0.09
采矿业	0.18
批发和零售业	0.97
制造业	0.97
水利、环境和公共设施管理业	1.46
金融业	1.26
电力、热力、燃气及水生产和供应业	5.94
房地产业	5.41
交通运输、仓储和邮政业	14.57
综合	30.14
建筑业	37.76

资料来源：Wind数据库

由于一些城投公司已经剥离地方政府融资功能，完全市场化运营，只保留所属实际控制人为地方国资委与地方政府的城投债数据，剔除其他属性控制人的城投债数据。

（3）控制变量：为了减少内生性的影响，控制了其他影响产业结构升级的变量。①经济发展水平（rengdp）。经济的发展可能会带来产业结构的升级，借鉴大多数文献的做法，使用人均GDP代表经济发展水平。

②投资率。房产、机器等是企业用于建设、生产的固定资产，是影响产业发展的主要因素，使用固定资产投资占 GDP 的比重衡量投资率。③人口规模。人口规模的扩大可能会通过促进劳动力需求来影响产业结构升级。这里使用常住人口的对数来表示人口规模。④人力资本。人力资本可能会通过提高地区创新能力、全要素生产率推动产业结构的升级。参考宋凌云等（2013）的方法，采用每万人在校大学生人数与总人口的比重衡量人力资本。由于《中国城市统计年鉴》中 2016 年之后不再统计这个指标，且相邻年份在校大学生人数差别不大，因此使用 2015 年数据将其补齐。⑤对外开放程度。采用实际利用外商直接投资与 GDP 的比重衡量地区的对外开放水平。⑥城市税负水平。使用预算内财政收入占 GDP 的比重表示。各变量数据主要来源于国泰安数据库、Wind 数据库与《中国城市统计年鉴》，2017 年固定资产数据来自各城市《国民经济与社会发展统计公报》或《政府工作报告》，以上数据均作了对数化处理。如表 4-4 所示，投向建筑业占比平均值达到 0.463，说明在选取的样本中建筑业占比始终最大。

表 4-4　描述性统计

变量	含义	观测值	平均值	标准差	最小值	最大值
bond	发债规模	1352	3.371	1.204	-2.302	7.137
constru	投向建筑业占比	1352	0.463	0.438	0	1
general	投向综合类占比	1352	0.279	0.385	0	1
infru	投向基础设施行业占比	1352	0.145	0.290	0	1
estate	投向房地产业占比	1352	0.046	0.176	0	1
finan	投向金融行业占比	1352	0.009	0.081	0	1
sciculture	投向科技文化行业占比	1352	0.0001	0.0088	0	0.032
industruc	产业结构升级指数	2318	225.9	14.08	183.1	279.7
rengdp	人均 GDP	2299	47924	45310	1489	506301
invest	投资率	2298	0.841	1.858	0.0702	62.97
lpopu	人口数	2299	5.844	0.761	2.879	8.129
humancapi	人力资本	2293	0.817	3.078	0.005	63.89

续表

变量	含义	观测值	平均值	标准差	最小值	最大值
fdi	外商直接投资 /GDP	2194	0.0197	0.0265	0.000	0.956
shouru	城市税负水平	2300	0.0778	0.110	0.007	5.501

资料来源：国泰安数据库、Wind数据库与《中国城市统计年鉴》

本部分使用实证模型检验城投债发债规模与发债投向对于产业升级的影响。每年的发债城市并不完全相同，最终使用的样本数据属于非平衡面板数据。数据分析方法主要使用固定效应和随机效应模型，即通过控制随个体变化但不随时间变化的因素来减少回归的内生性。设定回归模型如下：

$$industrup_{it} = \alpha + \beta bond_{it} + \gamma X_{it} + u_i + \varepsilon_{it} \quad (4\text{-}2)$$

其中，下标 i、t 分别代表城市、年份。*industrup* 代表城市的产业结构升级指数，*bond* 代表发债规模或者城投债资金投向各个行业的比例。X 代表经济发展水平、人力资本、投资率等一系列控制变量。α 代表回归方程的截距项，u_i 表示城市固定效应，ε 表示误差项。

实证结果分析：首先实证分析了城投债规模变化对于产业结构升级的影响，结果如表 4–5 所示。表 4–5（1）列使用固定效应模型进行回归，城投债的系数在 1% 的水平下显著为正，说明城投债规模增加越快，对产业结构升级的正向影响越大。表 4–5（2）列使用随机效应模型进行回归，从回归结果可以看出城投债的发行速度显著促进了产业结构升级指数的提高。无论是使用固定效应模型，还是随机效应模型，结果都显示城投债发行是影响产业结构升级的重要因素。由于在不同的估计模型下，bond 的系数存在一定程度的差异，因此针对表 4–5（1）列、（2）列中的各回归进行豪斯曼检验，以确定最佳估计模型。由于豪斯曼检验分析方法最后结果中 Prob 的值小于临界值 0.01，故拒绝原假设，均应采用固定效应模型的回归结果。如表 4–5（1）列所示，城投债规模每增加 1 个百分点，产业升级指数平均增加 0.8671。说明地方政府发行城投债一定程度上为产业升级提供了支持。

表 4-5 城投债规模对于产业结构升级的影响

被解释变量	(1)	(2)
	产业升级	产业升级
	固定效应	随机效应
发展规模	0.8671***	1.1363***
	(0.2123)	(0.2077)
	(14.6463)	(14.0002)
控制变量	控制	控制
常数项	165.4525***	179.3786***
	(10.5891)	(5.9080)
样本量	1036	1036
R^2	0.282	

注：*** 代表 1% 的显著性水平，括号内为标准误差。
资料来源：国泰安数据库、Wind 数据库与《中国城市统计年鉴》

对于其他控制变量，人均 GDP 对产业结构升级存在显著的正向作用，经济实力越强的地方，产业结构升级越快，这符合直观逻辑。固定资产的投入也显著促进了产业结构升级，符合理论预期。外商直接投资对产业结构升级呈现显著负向效应，可能由于市场分割等问题加剧了城市间的资源竞争，外商直接投资的扩大不仅没有形成对产业结构升级的拉动效应，而且不利于对地区的产业结构升级。人口规模显著促进了产业结构升级。城市人口扩张带来的人口集聚效应可能是有效地拉动产业结构升级的重要原因。城市税负水平显著带动产业结构指数。原因可能是税收高的地区其地方政府有更多的手段和财力去发展产业，从而促进产业升级。

表 4-6、表 4-7 呈现了城投债投向各行业比例对产业结构升级的影响。如表 4-6 所示，城投债资金投向不同行业的比例对产业结构升级的影响存在明显差异。在控制其他因素的影响后，城投债投向建筑业占

表 4-6　城投债投向建筑业、综合类、基础设施行业和房地产行业比例对产业结构升级的影响

被解释变量	(1)	(2)	(3)	(4)
	产业升级	产业升级	产业升级	产业升级
城投债投向建筑业占比	-0.3772			
	(0.3563)			
城投债投向综合类占比		0.7516**		
		(0.3733)		
城投债投向基础设施行业占比			-0.2903	
			(0.4779)	
城投债投向房地产行业占比				3.3068**
				(1.3475)
常数项	285.7060***	285.3688***	285.3958***	285.2437***
	(7.2750)	(7.2514)	(7.2700)	(7.2747)
控制变量	控制	控制	控制	控制
样本量	1036	1036	1036	1036
R^2	0.7620	0.7629	0.7918	0.7617

注：**、*** 分别代表 5%、1% 的显著性水平，括号内为标准误差。
资料来源：国泰安数据库、Wind 数据库与《中国城市统计年鉴》

表 4-7　城投债投向房地产业、金融业和科技文化行业比例对产业结构升级的影响

被解释变量	(1)	(2)	(3)
	产业升级	产业升级	产业升级
城投债投向房地产业占比	3.3068**		
	(1.3475)		
城投债投向金融业占比		-2.9383*	
		(1.5300)	
城投债投向科技文化行业占比			43.4929*
			(23.5542)
常数项	285.2437***	275.0377***	270.8340***
	(7.2747)	(11.0825)	(13.0945)
控制变量	控制		
样本量	1036	1036	1036
R^2	0.7617	0.7235	0.7503

注：*、**、*** 分别代表 10%、5%、1% 的显著性水平，括号内为标准误差。
资料来源：国泰安数据库、Wind 数据库与《中国城市统计年鉴》

比（constru）对产业结构升级的影响并不显著。城投债投向综合类占比（general）的系数为0.7516，且通过了5%水平下的显著性检验，表明随着投向综合类的城投债资金增加，产业结构升级指数越大；综合类城投债资金能够有效地推动产业结构升级。城投债投向交通运输、仓储和邮政业等基础设施行业占比（infru）的系数为-0.2903，并不显著，这意味着投向基础设施行业的债务资金并没有发挥其对产业结构升级的促进作用，资金利用效率亟待优化。如表4-7所示，城投债投向房地产行业占比（estate）的系数为3.3068，在5%的水平下通过了显著性检验，说明债务资金投向房地产业的占比越大，产业结构升级指数提高得越快，投向房地产业的资金有利于产业升级。这可能有两个方面的原因：一是房地产业属于第三产业，直接增加了第三产业占比；二是房地产业包括房地产开发、建设、经营、管理房地产业，为第三产业的发展提供了机会。金融业属于第三产业，可以直接通过增加第三产业占比促进产业升级指数的提高，但实证结果表明资金投向金融业占比（finan）对产业结构升级存在显著的负向影响，可能因为城投公司利用债务资金从事资本运营、资本投资等业务，挤占了较多信贷资源，过多地干预抑制了城市金融体系的发展，进而对产业结构升级造成负面影响。城投债投向科技文化行业占比（sciculture）显著正向影响产业结构升级，且回归系数较大，说明将债务资金投入科技文化行业将对产业结构升级产生重要的促进作用。科技创新是产业转型升级的原动力，加大对科技的投入，往往会带来创新能力的提高，从而作用于各个产业中产品、工艺的升级换代。城投债投入文化行业，能够促进文化产品和服务的提升，带动其他领域、其他产业的创新发展，进而有利于实现产业结构的优化升级。

通过以上实证分析，发现城投债发行显著促进了产业升级。地方政府可以利用融资资金投向各个行业，推动产业结构的优化升级。但是融资资金投向不同行业的资金使用效率不同，对于产业结构的影响存在差异。城投债投入综合类行业、房地产业、科技文化行业将对产业结构升级产生明显的正向影响。

为了更清楚地了解我国城投债投向的变化趋势，将历年城投债投向行业比例在表 4-8、表 4-9 中列出。结果发现，地方政府融资资金投向房地产行业的比例呈现逐年递增的趋势，投向建筑业比例始终较高。这可能与我国近几年城市化速度较快，人们住房需求加大的现实有关。在其他方面，融资资金在科技文化行业的投向比例始终较小，投向综合类行业呈现明显的逐年递减的趋势。科技文化行业投资项目未来收益慢且风险较大，地方政府较少将资金投入此类项目。结合结论，可见城投债投向总体变化趋势不利于产业的发展，地方政府有必要以行政手段科学规划资金投向。

表 4-8　2009—2012 年城投债投向行业比例　单位：%

年份	2009	2010	2011	2012
投向科技文化行业占比	0	0	0.49	0.28
投向金融业占比	1.11	4.92	1.48	1.19
投向房地产业占比	3.90	3.13	3.46	3.60
投向基础设施行业占比	18.44	8.76	17.87	22.07
投向综合类占比	51.03	34.36	45.61	34.00
投向建筑业占比	23.62	47.08	28.47	37.44

资料来源：Wind 数据库

表 4-9　2014—2017 年城投债投向行业比例　单位：%

年份	2014	2015	2016	2017
投向科技文化行业占比	0.35	0.31	0.14	0.06
投向金融业占比	1.15	1.49	0.81	1.06
投向房地产业占比	5.52	6.07	7.76	4.47
投向基础设施行业占比	26.30	24.34	19.31	18.13
投向综合类占比	29.07	27.43	26.12	28.40
投向建筑业占比	34.61	35.90	41.74	44.90

资料来源：Wind 数据库

三、小结

本节利用 2009—2017 年地级市城投债发行数据，实证分析了地方政府融资对产业结构升级的总体影响。实证结果表明，地方城投债发行对产业结构升级具有积极影响，并且城投债投向不同行业对产业结构升级的影响存在差异。具体而言，城投债投向建筑业与交通运输、仓储和邮政业等基础设施行业对产业结构升级的影响并不明显；投入综合类行业、房地产业、科技文化行业将对产业结构升级产生明显的正向影响；而将城投债投入金融行业，不仅不能够促进产业结构升级，还可能会影响信贷资金的配置效率。鉴于城投债对产业结构升级的影响效果与资金投向行业紧密相关，本节结论对提升地方政府融资资金利用效率和合理规划地方政府融资资金投向具有启示意义。

地方政府在进行融资时，应注重对资金投向的行业选择。首先，避免将过多资金投入建筑业与交通运输、仓储和邮政业等传统基础设施行业。传统基础设施行业投资回报率下降，政府资金投入该领域对产业发展的正向促进效应已经式微。除了传统的交通、能源、饮水等设施外，当前经济社会发展对环境保护、生命支持、信息网络等方面的新型基础设施需求日益增大。因此，地方政府在融资时还应考虑对新型基础设施建设的支持。其次，地方政府融资的投向领域应尽量多元化，要加大对科技文化行业的资金支持。多元化投资不仅可以分散地方政府融资过程中的风险，还能提供较为稳定的收益预期。最后，应减少和限制地方政府对金融行业资金的投入规模，尤其是合理规范地方政府对房地产业的资金投入。政府从事资本运营、资本投资等业务，难免破坏公平竞争的市场环境，挤占信贷资源，严格规范政府对于垄断性金融行业的涉足有利于保证资金使用效率。

第五章 地方政府融资影响经济发展的机制

近年来，地方政府融资资金作为地区主要的预算外收入，增强了政府参与经济的能力，可能使地方政府有更多的手段去扶持产业，改善政府实施产业政策的环境与条件，从而促进产业结构升级和经济增长。然而，地方政府融资过程中挤占了过多信贷资源，可能造成加剧企业融资约束等负面效应，不利于产业结构的升级。

地方政府融资行为对经济发展的影响机制是怎样的？如何保证合理的融资模式和融资资金投向能够促进产业升级？一方面，从地方债务的角度审视地方政府融资在产业结构升级中的作用，可以更为精确地考察地方政府“有形之手”的产业效应。另一方面，在中央逐步放开地方政府自行举债的权力以及地方政府推动产业升级、落实产业政策急需大量资金支持的背景下，探究何种融资模式和融资资金投向能够促进经济发展对财税改革有着重要的现实意义。

在我国分析地方政府融资对于产业结构的影响，不仅能够加深对地方政府融资行为后果的认识，深化对当前中国产业结构、产业政策的理解，也有助于为地方政府融资模式和项目运作的改革实践提供可借鉴的思路。前文笔者从宏观层面讲了地方政府融资对经济增长、产业结构的影响，但未研究地方政府融资促进经济发展的微观机制。企业作为宏观经济的微观承担者可能受到政府融资行为的影响。本章主要从地方政府融资对基础设施、企业融资、创新的影响效果和影响机制等方面，在分析目前地方政府融资模式的基础上，探讨出对经济发展有益的地方政府融资模式的改进方式。

第一节　地方政府融资与基础设施

一、地方政府融资与基础设施

地方政府融资缓解了地区财政资金压力，其机制可能是地方政府能够利用融资获取更多资金投入基础设施建设，城市基础设施的完善提高了资源配置效率和产业空间活动的活跃性，从而吸引人才、促进城市化进程和产业集聚，最后直接带动产业的发展，驱动产业结构的升级。

地方政府可能通过基础设施投资使当地拥有优越的基础设施条件，地方政府的基础设施投资能力取决于其拥有的财政资金。1994 年分税制改革和 21 世纪初取消农业税的改革，使我国各级政府长期面临财政压力，在一定程度上限制着地方政府对公共产品和公共服务的供给（余靖雯等，2018）。随着户籍制度的放开，资本、人才、技术更容易流向拥有优质的教育、医疗、交通等软硬基础设施的城市。这些城市可能因此在产业升级与经济发展上更具优势。在财政支出压力和考核压力的双重作用下，地方政府需要寻求财政预算之外的其他资金手段（张莉等，2011），以改善当地基础设施，吸引更多生产要素集聚（张延、赵艳朋，2017）。

如前文所述，由各地政府发起设立的政府融资平台将资金运用于市政建设、城市公用事业，承担了大量的政府投资项目，是地方政府拓宽资金渠道、缓解财政压力的有效“帮手”（徐军伟等，2020）。2014 年 9 月，国务院下发了《国务院关于加强地方政府性债务管理的意见》，要求剥离融资平台的政府融资职能，但由于项目建设时间长、融资规模大等客观条件限制，地方政府融资平台仍是中国基础设施建设的重要载体。地方政府以融资平台进行融资的这种方式是否能提高城市的基础设施建设？其对哪些类型的基础设施有显著推动作用？基础设施条件的改善是不是地方政府融资影响城市产业结构升级的一种路径？

二、基础设施影响经济增长、产业升级的基本逻辑

从产业结构发展的历史演变中可以看出，基础设施的完善既是经济增长的驱动器，也是实现产业结构升级的加速器。基础设施对产业结构的影响存在直接效应和间接效应。基础设施投资带动了劳动、服务的市场需求，进而提高了产业间的要素流动性；作为经济社会发展的根本条件，与城市运行相配套的基础设施可以有效降低居民生活成本，提升政府和企业的运行效率，间接正向影响了产业间的创新性和经济活动效率。另外，作为社会先行资本的基础设施，具有较强的正外部性，其不仅对本地区的经济、产业产生影响，还可能会带动周边其他地区的发展，即基础设施具有“空间溢出效应”（张治栋、李发莹，2019）。例如，完善的交通运输设施可以增强本地区与其他地区的交流，增强当地区位优势（张学良，2012）。

基础设施一般主要指公路、铁路、轨道等交通设施和邮电通信、水利燃气等城市公用事业设施。交通、邮电、供水供电等基础设施作为城市运行的基础，在地方政府投资中占有重要地位。由于公共基础设施具有公共物品的属性，其使用过程将不可避免地导致外部性，如果仅由市场参与基础设施的供给和分配，将出现严重的市场失灵现象，那么整个社会的资源配置效率和经济效率也会降低。此时，政府应采取科学的方式对基础设施建设进行适度干预，适度投资。

经过了40多年改革开放，我国整体基础设施条件已经得到了极大的改善，但是在基础设施存量和质量上还存在地区差异。各地基础设施水平差异的背后其实是地方政府财力的差异。一个有着充足财力的政府才能在基础设施建设上有所作为，而一个常年财政资金紧张的政府无法凭空“造”出基础设施。在1994年财税体制改革后，一方面地方财政资金大部

分逐渐收归中央，地方财政收入紧张；另一方面地方政府承担了辖区内大量事权（城市基础设施建设属于其中重要的一项），急需大量财政资金。在中央逐渐放开对地方借债的约束下，地方政府以融资、借债的方式获取预算外收入，投资于基础设施建设，融资越多、融资效率越高的地方政府将会有更多资金去投资基础设施，高质量的、大规模的基础设施将会带动其区域内产业结构的升级。

三、地方政府融资与不同类型基础设施①

根据前文分析，地方政府融资是通过促进基础设施建设这一机制来影响产业结构的，那么哪些基础设施会成为地方政府融资影响产业结构升级的主要途径？本节在理论分析的基础上，以融资平台数据为观测窗口，使用实证方法探究地方政府融资对不同类型基础设施的作用效果。

根据 Rauch（1994）、张军（2007）所述，基础设施的建设是一个长期积累的过程，从项目准备、项目投资、项目建设到项目建成，至少需要 1 年的时间。并且，基础设施投资具有显著的持续性特征，即施工方很难在完成旧的施工项目之前开展新的基础设施建设项目。本节参考 Rauch（1994），在方程中加入了基础设施的滞后一期作为其中一项解释变量，将基本回归模型设定如下：

$$\Delta infrast_{i,t} = \beta_0 + \beta_1 infrast_{i,t-1} + \beta_2 debt_{i,t} + \gamma X_{it} + \mu_i + \varepsilon_{it} \qquad (5-1)$$

其中，下标 i、t 分别代表所在省份与所处年份，$infrast_{i,t}$ 指地区 i 在 t 年的人均基础设施投资规模的对数。$\Delta infrast_{i,t}=infrast_{i,t}-infrast_{i,t-1}$ 代表前后两期人均基础设施规模之差，即人均新增基础设施规模。β_0 是截距项。X 表示影响基础设施的一系列控制变量，包括：人均基础设施规模滞后一期、人均 GDP、人均财政收入、人均外商直接投资、人均行政事业性收费

---

① 本部分引自司海平、宋文娟：《地方债务融资、基础设施与产业结构升级》，《经济问题探索》2022 年第 7 期。

收入、人均城乡储蓄存款。$debt_{i,t}$ 代表地区 i 在 t 年的人均地区新增负债。μ_i 是省份地区效应，ε 代表误差项。

本部分选择了中国31个省（区、市）2009—2018年的样本数据进行研究，一是省份区域覆盖面广，包含的产业部门全面，省级数据能够更好地反映我国地区产业结构存在的特征。二是地方政府融资平台从2009年开始兴起，2009年之前的地方政府融资平台负债数据过少；而2018年后，发行专项债成为地方政府融资的主流形式，所以样本数据时间跨度为2009—2018年。另外，由于中央对新疆、西藏实行了一些特殊的经济政策，为了避免其影响整体结果，在实际回归中将新疆、西藏样本剔除，最终进入计量模型的数据为非平衡面板数据。

本部分参考Justman（1995）与张军（2007），将中国基础设施分为：交通基础设施、邮政基础设施、能源基础设施、通信基础设施。前3项是中国传统基础设施，而最后1项代表了互联网等新型基础设施。新型基础设施投资可能会提高制造业资本密集程度，从而带来制造业升级，同时也会提高服务业就业比重，带动服务业发展（郭凯明等，2020）。因此，投资新型基础设施是我国抓住产业变革机遇的重要手段。综合各个方面考虑中国目前经济发展水平和数据的可得性，选取了以下基础设施指标：交通基础设施方面的指标有铁路营运里程、内河航道里程和等级公路里程（高速公路、一级公路和二级公路的总里程数）；邮政基础设施方面的指标包括年末邮政局所数量和邮路总长度；能源基础设施方面的指标选取电力消费量；通信基础设施方面的指标包括移动电话基站和光缆线路长度。

在控制变量方面，地区的经济发展水平越高，基础设施建设可能会越完善。人均财政收入代表一个地区的预算内财政收入，地方政府拥有的合法收入越多，可能用于基础设施建设的投资越多。人均外商投资代表了地方政府的竞争力，度量了地方政府间竞争的程度。因为地方政府间的标尺竞争主要体现在主政官员吸引外资的力度和战略上，通过优化基础设施吸引外资是地方政府间竞争的主要途径。地方政府的治理水平可能会影响基础设施的建设，基于数据的可得性，选取人均事业性收入衡量地方政府的治理水平。人均城乡储蓄代表了地区所拥有的金融资源，即基础设施建设的投资实力。换言之，一个地区的金融资源可能会显著促进基础设施的建设。各变量数据均来源于国泰安数据库、《中国统计年鉴》且回归时均作了对数化处理。相关描述性统计如表 5-1 所示。

表 5-1　描述性统计

变量	含义	观测值	平均值	标准差	最小值	最大值
debt	人均地区新增负债	277	−3	1.181	−7.09	−0.239
rengdp	经济发展水平	320	10.66	0.487	9.241	11.85
fdi	对外开放程度	309	5.28	2.514	−3.579	9.527
Infra_rail	人均铁路里程	320	−0.175	0.695	−1.799	1.617
Infra_river	人均内河航道里程	280	−0.487	1.016	−2.871	1.143
Infra_road	人均等级公路里程	320	3.362	0.625	1.639	5.515
Infra_post	人均邮局所数量	320	0	0.588	−1.277	1.913
Infra_route	人均邮路长度	320	3.85	0.691	2.2	5.621
Infra_power	人均电力消费量	310	−0.981	0.547	−2.796	0.437
Infrast_phone	人均移动电话基站	186	−5.667	0.429	−6.702	−4.502
Infrast_cable	人均光缆长度	248	5.13	0.498	3.994	6.336
save	人均城乡储蓄存款	202	0.997	0.606	−0.35	2.76
admin	人均行政事业性收入	320	5.478	0.638	3.686	7.389
income	人均财政收入	320	8.403	0.639	6.945	10.29

资料来源：国泰安数据库、《中国统计年鉴》

以下为地方政府融资对基础设施影响的实证分析结果。

表 5-2 和表 5-3 是地方政府融资对不同类型基础设施进行回归的结果。

回归结果证实了地方政府融资会推动基础设施的建设。表 5-2（1）列、（2）列显示，地方政府融资平台负债规模显著促进了交通基础设施中铁路里程、内河航道里程的建设，且通过了 5% 的显著性水平检验。人均地区新增负债对等级公路建设的影响效果并不显著，这可能因为等级公路作为城市最

表 5-2　地方政府融资对不同类型基础设施的影响（一）

被解释变量	（1）	（2）	（3）	（4）
	人均新增铁路里程	人均新增内河航道里程	人均新增等级公路里程	人均新增邮局所数量
人均地区新增负债	0.1259**	0.2426**	0.0198	0.0716***
	（0.0485）	（0.1152）	（0.0243）	（0.0241）
人均 GDP	1.2566***	1.5463***	0.4610***	−0.3129**
	（0.2365）	（0.5258）	（0.1190）	（0.1203）
人均财政收入	0.1361	−1.0085*	0.2428**	0.6262***
	（0.2065）	（0.5509）	（0.1055）	（0.1061）
常数项	−14.2472***	−5.2701	−2.0212**	−2.0277**
	（1.9774）	（4.2369）	（0.9941）	（0.9852）
控制变量	控制	控制	控制	控制
样本量	148	115	148	148
R^2	0.8193	0.7231	0.8938	0.7802

注：*、**、*** 分别代表 10%、5%、1%的显著性水平，括号内为标准误差。
资料来源：国泰安数据库、《中国统计年鉴》

表 5-3　地方政府融资对不同类型基础设施的影响（二）

被解释变量	（1）	（2）	（3）	（4）
	人均新增邮路长度	人均新增电力消费量	人均新增移动电话基站	人均新增光缆长度
人均地区新增负债	0.0241	0.0148	0.0615**	0.1579***
	（0.0514）	（0.0311）	（0.0234）	（0.0250）
人均 GDP	−0.1618	0.8388***	−0.2047	−0.1500
	（0.2509）	（0.1528）	（0.1235）	（0.1199）
人均财政收入	1.3050***	0.3877***	0.7731***	0.5608***
	（0.2260）	（0.1379）	（0.1122）	（0.1124）
常数项	−3.1221	−11.5152***	−8.6772***	3.5321***
	（2.1038）	（1.2382）	（1.1307）	（0.9935）
控制变量	控制	控制	控制	控制
样本量	148	142	54	101
R^2	0.7498	0.8970	0.8920	0.8631

注：**、*** 分别代表 5%、1%的显著性水平，括号内为标准误差。
资料来源：国泰安数据库、《中国统计年鉴》

基本的基础设施，其建设资金来源更依赖于财政资金。表 5-2（3）列中控制变量的回归结果也侧面证实了这一点。在地方政府融资平台负债对等级公路里程的回归中，人均财政收入的回归系数较大且在 5% 的置信水平显著为正，说明公路的建设资金主要来源于财政收入，当地方政府通过融资平台融资获取多余资金时更可能投资于交通设施方面的铁路、水运的建设中。

表 5-2（4）列和表 5-3（1）列显示，在邮政基础设施方面，地方政府融资平台负债变量显著提高了邮局所数量，但对邮路长度影响效果并不显著，可能邮路长度的投资也较为依赖财政收入。表 5-3（1）列控制变量中的财政收入系数达到了 1.305，且在 1% 的置信水平显著为正。另外，在表 5-2（4）列中人均 GDP 的系数显著为负，即越贫穷的地方越重视邮局所的发展，这可能因为经济欠发达地区没有更多资金和资源发展新型基础设施，只能依靠传统邮政设施来为居民生活提供基本公共服务。表 5-3（2）列显示，在电力消费量方面，人均地区新增负债对其影响不明显，而经济发展水平即人均 GDP 对电力基础设施有着明显的促进作用，系数达到了 0.8388，且通过了 1% 的置信水平检验。说明电力基础设施和一个地区基本经济状况紧密相关，当电力基础设施发展到一定程度，可能已经不再是地方政府对基础设施投资关注的重点方向。

新型基础设施为战略性新兴产业、现代服务业提供需求载体，是产业转型升级的重要支撑。通信基础设施作为新型基础设施的一方面，其对转变经济发展方式有着重要意义。从表 5-3（3）列、（4）列中可以看出，地方政府融资平台负债对通信基础设施方面的移动电话基站、光缆的建设有正向推动效应，且分别在 5% 和 1% 的置信水平显著。控制变量方面，人均财政收入系数显著为正，人均 GDP 系数不显著，这说明无论是发达地区还是欠发达地区都在发展通信基础设施，新型基础设施已经是各个地方政府进行投资的重点。

从上述实证结果中可以看出，地方政府对不同类型的基础设施投资侧重点不同，政府更重视对交通基础设施和通信基础设施的投资；或者，地方政府将融资收入更可能用于提升传统基础设施的铁路里程、内河航道里程和新型基础设施移动电话基站数量与光缆线路长度。目前，我国基础设施投资结构正在转型。经济发达地区，如北京、上海等地已将传统基础设施投资转向互联网、人工智能、5G 基站等新型基础设施投资。地方政府融资为新型基础设施投资提供了财力基础，由此可以产生诸多创新，为新消费形式、新制造技术、新服务产品打开空间，从而促进产业结构转型升级。当然，传统基础设施也同样重要。我国已全面建成小康社会，还有很多欠发达地区的经济潜力亟待挖掘，交通、邮电、水利等基础设施对于提高欠发达地区、贫困地区人民的生活水平和优化当地三次产业比例有着重要意义，地方政府融资则为传统基础设施建设提供了大量的建设资金。

在我国经济进入高质量发展阶段，大规模投资基础设施建设对于推动产业结构转型升级依然有效。基础设施投资能够在供给侧提高产业部门的劳动生产率和全要素生产率，从而提高每个产业部门的产出水平。在此过程中，基础设施建设对于不同部门的边际产出影响程度不同，从而带动了三次产业结构的变化和升级。从基础设施类型来看，传统基础设施可能通过资本深化促进制造业升级和服务业发展，新型基础设施能够促进资本替代劳动的速度，从而提高制造业的资本和技术的密集程度；新型基础设施使更多从制造业中转移出的劳动力进入服务业，从供给侧直接拉动服务业产值。二者之间的互补关系也同时推动着产业结构的变革，例如发展先进制造业不仅需要研发资金和人员的持续投入，也需要完善的通信、互联网等新型基础设施。当然，这一切都离不开地方政府资金的支持，地方政府融资收入为基础设施建设促进产业升级这一路径提供了强有力的资金保障。

政府作为主导基础公共设施配置和布局的主体，不仅要为基础设施投资提供资金，还应保障基础设施的使用效率。Cooper（1963）认为公共资源的配置和布局影响着使用过程中的公平和效率。Teitz（1968）认为政府进行城区规划时，应该使用数理方法建立城市公共设施区位模型。Rich

（1979）在研究产业园区内的公共服务设施时，认为基础设施的配置水平不仅要满足居民对公共服务的基本需求，还要逐步提升居民对生产生活配套基础设施的公平感和满意度。笔者结合以上分析认为，基础设施的投资方向应与地区发展阶段相适应。与地区发展阶段相配套的基础设施才能够充分发挥其使用效率，才能促进产业结构的发展与调整。因此笔者建议政府根据自身经济发展形势，充分利用地方融资资金，把握住产业变革提供的新机遇，依靠地方禀赋优势，把新型基础设施与传统基础设施有效结合，以此作为优化经济结构的驱动力，推动形成高质量发展的新动能。

四、小结

本节首先从理论上分析了地方政府融资推动城市基础设施建设从而促进产业结构升级的作用机理，然后实证分析了地方政府融资对不同类型基础设施的影响。结果发现，地方政府融资显著推动了交通基础设施中铁路里程、内河航道里程的建设；在邮政基础设施方面地方政府融资显著提高了邮局所数量；在通信基础设施方面地方政府融资显著提高了移动基站数量与光缆线路长度。可以看到，地方政府对不同类型的基础设施投资侧重点不同，政府更重视对交通基础设施和通信基础设施的投资。中国一些发达城市对公路、机场、港口、电力等传统基础设施的需求已经趋于饱和，这些城市为了发展新技术、新业态、新模式，更多地转向了对新型基础设施的投资。新技术的开发离不开与其相配套的基础设施大规模投资，新一轮科技革命和产业变革以数字化、网络化和智能化为特征，使通信基础设施等新型基础设施的需求逐渐超过了交通、邮政等基础设施。

保证基础设施投资方向与地区经济发展阶段相适应，协调新型基础设施和传统基础设施的互动、互补发展，是提高中国基础设施投资效率的关键。建议地方政府应继续加大基础设施投资力度以进一步推动产业结构转型升级。可以在风险可控和操作规范的情况下，合理利用融资资金投资基础设施，同时要对基础设施投资方向和投资结构适当做出调整，一方面按当地经济发展实际情况投资传统基础设施重点领域，另一方面要向新型基础设施等领域倾斜。

第二节　地方政府融资与企业融资

一、地方政府融资对信贷资源的“挤出效应”

金融资源的优化配置是经济增长的保障。地方政府融资规模急速扩张，可能会挤占民营企业的信贷资源，降低金融体系效率；而金融体系效率下降又会推高金融市场融资成本，进一步加剧民企融资困境。金融体系效率与地方政府融资规模形成紧密的循环关联性，并且两者交织合力导致民企融资难、融资贵（田国强、赵旭霞，2019）。

党的二十大报告指出，构建高水平社会主义市场经济体制。坚持和完善社会主义基本经济制度，毫不动摇巩固和发展公有制经济，毫不动摇鼓励、支持、引导非公有制经济发展，充分发挥市场在资源配置中的决定性作用，更好发挥政府作用。在此背景下，如何优化资源配置，特别是如何提高金融市场信贷资源配置效率以促进中小企业发展，从而带动产业结构转型升级，成为一个非常重要的现实问题。长期以来，信贷配置效率受到了学者们的广泛关注，其中，民营企业面临的融资难、融资贵等信贷配置问题，一直制约和困扰着企业成长，甚至阻碍了经济结构的转型发展。一方面，民营企业、中小企业对经济发展、产业结构转型升级的作用越来越重要，但获得的信贷量始终无法与其对经济的贡献度相比；另一方面，地方政府融资规模急速扩张，挤占了大部分的银行信贷资源，对企业融资环境造成了较大影响。

在2009年后，中国信贷规模开始大幅度增长，与此同时，地方政府融资所形成的债务大规模积累可能会产生多方面的负面影响。这可能会造成信贷资源配置“扭曲”，中小企业融资约束加大，从而不利于各部门产业产出效率的提升。与民营企业相比，地方政府融资在获得银行信贷方面具有独特的优势。作为拥有政府背景和充足抵押品的地方政府融资平台是民营企业信贷市场中的有力竞争者。首先，地方政府融资平台大股东大多是地方国资委，当还款出现问题时，政府大多使用债务展期、债务置换等手段缓解。其次，地方政府融资平台抵押品丰富、充足，拥有政府注入的土地使用权等优质国有资产。因此，笔者推测，地方政府融资平台可能会在信贷市场上挤出民营企业贷款，加大对民营企业融资约束。

融资是企业发展经营过程中的必要手段，也是企业不断成长不可或缺的环节。严重的融资约束会阻碍企业进行技术创新投入和设备更新投入。技术创新有利于优化资本投入结构，促进制造业由劳动密集型转向资本密集型，更新生产设备与工具有利于降低生产成本，改进生产工艺和生产方法，提升资源的利用率，进而推动产业结构升级。当企业面临的融资约束加大时，可能会减少研发所需的资金和人员，阻碍企业的技术创新。相应地，以企业技术变革为主导的中国制造业升级可能会受到影响。地方政府融资平台属于国有企业，银行信贷供给存在着明显的所有制偏好。银行在选择借款人时，更倾向于有政府背景的融资平台，在贷款量一定的情况下，更多的贷款分散给了有国有企业背景的融资平台，民营企业所处的融资环境会更加艰难。基于以上分析可以推测，地方政府融资平台借债可能加大了对企业的融资约束，即地方政府融资平台负债越多的城市，企业融资约束越严重。

地方政府融资行为对于所有权性质不同的企业，其融资约束效应存在异质性。在我国信贷市场以国有银行为主的背景下，地方政府可能出于多重因素的考虑，干预银行信贷行为。民营企业由于没有政府背景，可能面临更加严重的融资约束（沈红波等，2010）。当一个地区借债规模越大，地方政府融资平台向银行借贷资金越多，将更容易挤占民营企业应该获得的贷款，民营企业获取外部融资更加困难。据此可以推测，地方政府融资平台借债对企业的融资约束影响存在异质性。相比于国有企业，民营企业面临的融资约束受到地方政府借债的影响更大。

本节证实了地方政府融资平台通过借债进行融资对民营企业融资约束的负面效应，为今后管理地方政府融资行为、优化地方政府融资结构提供了新的思路和视角。成立地方政府融资平台是现有财政体制下我国地方政府为发展经济所做的一个过渡性制度安排，地方政府融资平台在促进基础设施投资、产业结构升级的过程中发挥了极为重要的作用（范剑勇、莫家伟，2014；司海平等，2017）。但其带来的潜在负面效应正受到越来越多的学者关注。Huang et al.（2016）和 Liang et al.（2017）分别使用城投债财务数据和构建的地方债指标与中国工业企业数据库匹配，实证分析发现，地方政府融资对民营企业的投资存在显著的“挤出效应”，对国有企业和外资企业的投资没有影响，并且地方举债规模的增加会提高国有企业的负债率。刘畅等（2020）利用收集的县级融资平台数据，考察了其对于县级中小企业融资的影响。本节参考 Li et al.（2021）将宏观数据与微观数据匹配，利用 2009—2017 年中国 A 股上市非金融企业的面板数据与地方政府融资平台负债数据匹配，实证检验了地方政府融资平台负债、企业融资约束以及产业结构升级之间的关系。

二、地方政府融资是否影响了企业融资约束

1. 模型设定

本节中，笔者通过利用融资平台借债数据，实证检验地方政府融资对企业融资约束的影响效果。设定计量模型如下所示：

$$WKS_{i,t} = \beta_0 + \beta_1 bond_{i,t} + \beta control_{i,t-1} + \mu_i + \varepsilon_{it} + \partial_k \qquad (5\text{–}2)$$

其中，下标 i、t 分别代表企业所在城市与所处年份。被解释变量 *WKS* 为企业运营资本投资敏感性指数，用来度量企业的融资约束。$bond_{i,t}$ 表示 i 城市 t 年的地方政府融资平台负债数据。β_1 是融资平台负债的系数，若该系数显著为正，说明融资平台负债越多，企业融资约束指数越大，企业受到的融资约束越严重。∂_k 是行业效应。μ_i 是城市效应。ε 代表误差项。*control* 表示企业层面影响融资约束的变量，包括企业规模、企业年龄、资产负债率等。

笔者在回归时对模型中的数据做出了以下处理：第一，由于企业经营对企业融资约束产生的影响需要一定的时间，本部分对实证模型中的企业相关财务指标变量采取滞后一期；第二，企业的财务特征对其融资约束的影响可能存在滞后性，为了在一定程度上消除内生性带来的计量偏误，在回归方程中对所有控制变量采用滞后一期处理；第三，为消除极端值影响，回归中对所有的连续变量在 1% 和 99% 的水平进行缩尾处理（Winsorize）；第四，在企业层面对实证模型的标准误差进行聚类（Cluster）处理。

本节使用 2000—2017 年的所有 A 股非金融类上市公司数据与地级市融资平台的设立数量、发行城投债情况匹配，作为研究样本。根据已有文献，本节对上市公司数据和城投债数据做出以下处理：（1）将相关数据缺失过多的企业样本剔除；（2）剔除 ST 和 *ST 公司样本；（3）剔除属于金融业与保险业的公司样本；（4）剔除 IPO 上市公司当年的样本；（5）由于一些城投公司已经剥离地方政府控制，只保留所属实际控制人为地方国资委与地方政府融资平台数据；（6）由于新疆、西藏等地享受中央政府特殊的经济政策，将属于新疆、西藏的样本剔除。最后得到 2951 家公司 29632 个公司年度样本。本部分使用的上市公司数据来源于国泰安数据库，使用的融资平台数据来源于 Wind 数据库。

大量文献研究了企业融资约束的衡量指标，主要有以下几种：一是使用模型估计融资约束参数；二是根据公司财务数据，如公司规模、公司年龄等构建单项指标；三是根据公司财务数据构建综合性指标；四是利用问卷调查等方式测评公司对融资约束的感知。综合考虑之下，本节采用张杰（2016）与李宏亮等（2018）对企业融资约束的指标构建方法，即选择企业运营资本投资敏感性指数（*WKS*）作为融资约束的度量指标。企业运营资本投资敏感性指数构建中涉及企业现金流、负债水平等，不仅能够全面反映企业的内部和外部融资情况，也能够反映出中国金融市场的信贷特征，因此选择其作为被解释变量。计算公式如下所示：

$$\left(\frac{IWK}{K}\right)_{it}=\vec{X}+\delta_{province}+\delta_{industry}+\delta_{year}+\varepsilon_{it} \quad (5-3)$$

IWK 代表企业运营资本投资，其中企业运营资本 *WK* 由企业流动资产减去流动负债得到，*IWK* 由前后两期的企业运营资本相减得到，即 $IWK=WK_t-WK_{t-1}$。$\vec{X}$是一系列控制变量，包括企业规模、企业年龄、企业负债杠杆水平、企业营业收入增长率与企业担保抵押水平。*K* 为企业在初期的固定资产净额。另外，模型中控制了年份、省份等固定效应。ε_{it} 表示相应随机误差项。

$$WKS_{it}=\sum_{t=1}^{T}\left(\frac{cash_{it}/K_{it}}{\sum_{t=1}^{T}cash_{it}/K_{it}}\times\varepsilon_{it}\right)-\frac{1}{T}\sum_{t=1}^{T}\varepsilon_{it} \quad (5-4)$$

其中，*i* 和 *T* 分别表示企业 *i* 和企业所拥有的年份观测数。cash 代表了企业的现金流，由年终净利润与本年折旧相加得到。参考已有文献，笔者将 *WKS* 指数绝对化后加 1 取自然对数。

WKS 指数的值越大，表明企业的运营资本投资对现金流越敏感，企业的融资约束程度越严重；*WKS* 指数的值越小，表明企业的运营资本投资对现金流越不敏感，企业的融资约束程度越低。

笔者选择企业各项影响融资约束的经营指标作为控制变量。企业规模越大，抗风险能力越强，银行对其还款信用越信赖。因此，笔者将企业规模作为控制变量纳入回归。企业经营时间长，代表其还款信用较强，同时其融资渠道也可能更多，相应的融资约束程度越轻。资产负债率、盈利能力、成长能力等企业经营性指标在一定程度上反映了企业的经营水平和信贷能力。笔者将以上指标作为控制变量纳入回归，相关回归变量解释如表 5-4 所示，描述性统计如表 5-5 所示。

表 5-4　回归变量解释

	变量名称	变量符号	变量含义
被解释变量	企业运营资本投资敏感性指数	*wks*	$WKS_{it}=\sum_{t=1}^{T}\left(\frac{cash_{it}/K_{it}}{\sum_{t=1}^{T}cash_{it}/K_{it}}\times\varepsilon_{it}\right)-\frac{1}{T}\sum_{t=1}^{T}\varepsilon_{it}$
解释变量	地方政府融资平台负债	*debtgdp*	ln（地方政府融资平台负债 /gdp）
控制变量	企业规模	*lsize_1*	ln（企业总资产）
	企业年龄	*age_1*	企业上市年龄
	资产负债率	*lev_1*	总负债 / 企业总资产
	盈利能力	*roe_1*	净利润 / 股东权益余额
	成长能力	*growth_1*	（期末总资产 – 期初总资产）/（期初总资产）
	股权集中度	*cr10_1*	前十大股东持股比例

资料来源：《诉讼风险、资金持有与企业资产配置》

表 5-5　描述性统计

变量	观测值	平均值	标准差	最小值	最大值
wks	28961	0.770	0.902	0	7.681
lev_1	29629	0.466	0.219	0.0550	1.191
growth_ 1	29627	0.155	0.281	–0.374	1.614
lsize _1	29629	21.76	1.284	18.99	25.69
roe _1	29628	0.0592	0.152	–0.860	0.496
age _1	29632	14.58	5.784	3	30
cr10_ 1	29632	57.64	15.58	16.52	92.62

资料来源：Wind 数据库、国泰安数据库

2. 融资平台与企业融资约束

笔者在分析中使用融资平台成立这一事件来衡量地方政府融资对企业融资的影响。城市通过银行借款形成债务对企业融资约束的影响更应受到关注，因为企业的主要融资方式就是向银行借贷，但每个地方的融资平台

向银行借债额度等数据并未完全对外公开，故本章未用融资平台负债等数据直接衡量地方政府融资行为。城市设立融资平台的数量越多，说明该城市的政府融资行为越频繁，融资能力越高，对于银行信贷、企业融资约束的影响程度也越深。如果该城市已经设立融资平台，笔者将核心解释变量设为地方政府融资平台成立个数；如果该城市没有融资平台，将核心解释变量设为0。

图5-1为2009—2017年地方政府融资平台成立数量柱状图。地方政府融资平台在2012—2016年处于快速扩张时期，这可能是受四万亿投资计划的影响。中央政府为了应对2008年国际金融危机采取了四万亿投资计划，其中大部分配套资金需要地方政府筹集。地方政府以设立融资平台的方式获取资金，因此大量地方政府融资平台如雨后春笋般出现。2017年，柱状图出现了下降趋势，这可能因为新《预算法》的实施，地方政府刻意限制了地方政府融资平台的设立。

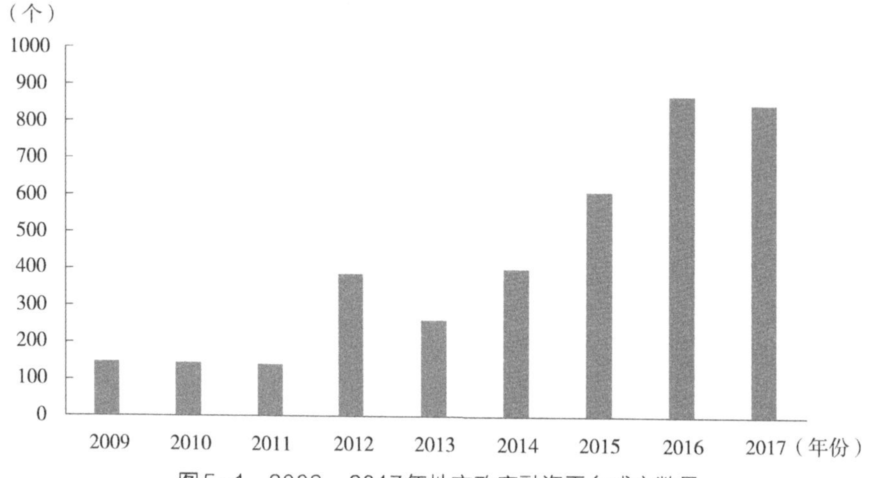

图5-1 2009—2017年地方政府融资平台成立数量

资料来源：Wind数据库、地方政府融资平台数据

表5-6反映了地方政府融资平台成立数量对企业融资约束的影响。在全样本的回归中，控制了城市效应、年份效应，并在行业层面聚类，主要的核心解释变量成立融资平台数量在1%的置信水平下显著为正，说明城

市设立融资平台数量越多，企业融资约束指数越高，企业融资约束程度越严重，证实了地方政府融资对于企业融资有着“挤出效应”。地方政府融资平台主要是为了促进当地经济发展而成立，承担了城市公益和非公益等各种项目的融资、建设，其融资渠道单一，大多运营和建设资金来源于银行贷款。因此，地方政府融资平台数量的增长，意味着其银行贷款规模在不断扩大。地方政府融资平台成立个数越多，说明银行越多的贷款被融资平台占有。企业主要的融资来源是银行贷款，当来自银行的贷款减少时，其融资约束愈加严重。

表 5-6　地方政府融资平台成立数量对企业融资约束的影响

被解释变量	（1）	（2）	（3）
	WKS	WKS	WKS
组别	全样本	民营企业	国有企业
融资平台成立数量	0.00248***	0.00209*	0.00219*
	（6.055）	（1.830）	（1.978）
控制变量	控制	控制	控制
年份效应	控制	控制	控制
城市效应	控制	控制	控制
样本量	10595	4300	2439
R^2	0.050	0.071	0.112

注：*、*** 分别代表 10%、1% 的显著性水平，括号内为标准误差。
资料来源：Wind 数据库、国泰安数据库

本部分按所有权性质将样本分成民营企业和国有企业两组，分别代入方程进行回归，结果如表 5-6（2）列、（3）列所示。在民营企业样本中，控制了年份效应与城市效应，并在行业层面聚类，实证结果显示，核心解释变量系数在 10% 的显著性水平下为正。该结果意味着地方政府融资平台数量越多，越会加大对民营企业的融资约束。反之，一个地区的融资平台越少，其挤占的银行信贷就越少，该地方的民营企业更易获得银行贷款，面临的融资约束程度越轻。在国有企业样本中，同样控制了年份效应与城

市效应，并在行业层面聚类，实证结果显示，核心解释变量系数在 10% 的显著性水平下为正。这说明更多的地方政府融资平台设立后，不仅挤占了民营企业的银行信贷，也使国有企业的融资约束程度变得更加严重。可能相比于国有企业，地方政府融资平台与政府的关系更加密切，因此获得的融资机会更多。

3. 城投债发行与企业融资约束

除了向银行贷款，发行城投债也是地方政府融资平台获取外部资金的重要手段之一。并且，发行城投债使地方政府融资平台将间接融资变为在金融市场上的直接融资，这对地方政府融资结构可能是一种优化方式。城投债主要债券类型包括企业债和短期融资融券，其中绝大部分期限为 5~7 年，相比于银行贷款，地方政府融资平台发行城投债更具市场化特征。此外，城投债有明确发行利率和还款期限，其发行主体在所有融资平台中资质相对较好，出现实质违约事件可能性小。因此城投债发行对企业融资约束的影响值得单独进行研究。本节将上节核心解释变量替换为人均城投债发行量（取对数），实证考察了地方政府融资平台发行城投债规模大小是否对企业融资约束造成影响。

表 5-7（1）报告了全样本中城投债发行规模对企业融资约束影响的实证结果，各回归中固定了城市和年份效应，并且聚类到了行业层面。在全样本中主要核心解释变量的系数不显著，说明城投债发行没有影响企业的融资约束。一方面，企业融资更多以银行信贷这种间接融资方式为主，融资平台在金融市场上的直接融资对企业融资状况不会造成影响。另一方面，2012 年，中国银行业监督管理委员会[①]《关于加强 2012 年地方政府融资平台贷款风险监管的指导意见》（以下简称 12 号文）发布，2013 年中国银行业监督管理委员会下发了《关于加强 2013 年地方政府融资平台贷款风险监管的指导意见》，一些银行收紧了对平台贷的监管措施，谨慎持有

① 2018 年 3 月，中国银行业监督管理委员会与中国保险监督管理委员会合并，成立中国银行保险监督管理委员会；2023 年 5 月，国家金融监督管理总局成立，不再保留中国银行保险监督管理委员会。

城投债，减少了对其信贷支持，仅以“流动性支持”为由向城投债提供担保。因此，银行对其他企业的放贷额度可能没有受到城投债发行的影响，全样本中企业所面临的融资约束没有改变。

表 5-7　城投债发行规模对企业融资约束的影响

被解释变量	（1）	（2）	（3）
	WKS	WKS	WKS
组别	全样本	民营企业	国有企业
城投债发债规模	-0.00930	-0.0419*	-0.00892
	（-1.040）	（-2.092）	（-0.704）
控制变量	控制	控制	控制
年份效应	控制	控制	控制
城市效应	控制	控制	控制
样本量	6948	2744	1726
R^2	0.098	0.199	0.252

注：*代表10%的显著性水平，括号内为标准误差。
资料来源：Wind数据库、国泰安数据库

表5-7（2）列、（3）列分别报告了民营企业样本和国有企业样本的回归结果。实证结果表明，城投债发行对企业融资约束的影响存在异质性。在民营企业样本中，核心解释变量系数皆显著为负，即城投债发行规模与企业融资约束程度成反比。说明一个地方城投债发行越多，该地方的民营企业融资约束越少。相较于向银行贷款，融资平台以发行城投债的方式获取资金更有利于改善民营企业的融资环境。地方政府融资平台为承担某些市政建设项目而融资，其所需要的融资总规模是一定的。同时，发行城投债和向银行贷款是融资平台两种主要的融资方式。当融资平台以城投债手段获取更多资金时，便减少了向银行借债的规模，从而降低了对民营企业信贷量的“挤出效应”，进而缓解了当地民营企业的融资约束。城投债是地方政府向金融市场直接募集资金的融资方式，减少了地方政府融资对民营企业信贷的负面影响。因此建议尽快规范平台发行城投债的市场化

运作，以缓解融资平台向银行借债的资金压力。在表 5-7（3）列的国有企业样本中，实证结果显示，主要的核心解释变量系数并不显著，说明城投债发行对国有企业的融资约束没有影响。可能国有企业需要的贷款额度较大，融资需求更强，融资平台通过发债获取资金减少的银行信贷不足以改变国有企业融资约束的程度。融资平台在金融市场上的直接融资对其融资状况不会造成影响。

三、小结

本节利用 2009—2017 年中国 A 股上市非金融企业的面板数据与地方政府融资数据进行匹配，实证检验了地方政府融资对于企业融资约束的影响。结果表明，地方政府融资平台设立占用了过多信贷资源，加剧了企业的融资约束。分样本回归发现，平台成立数量显著加重了民营企业和国有企业的融资约束。进一步研究发现，如果融资平台采取发行城投债的方式进行融资，则会改善民营企业的融资约束，而对于国有企业没有显著影响。长期以来，学者过多关注地方政府融资过程中形成的债务风险问题，忽视了其在信贷市场上对企业融资环境可能存在的负面效应。本章结论为今后如何规范地方政府融资行为、改善企业融资环境、促进产业升级提供了以下建议。

第一，完善地方政府融资管理。地方政府通过融资平台等举借政府债务，对推动地方产业发展发挥了积极作用，但也存在融资缺乏规模控制等一系列问题，引发了对信贷市场的负面效应。一是要严格规范地方政府在限额内发行政府债券，融资规模由国务院报全国人大及其常委会批准；充分发挥全国人大对地方政府预算支出的监督作用，落实《中华人民共和国预算法》要求，将各类债务纳入地方政府预算，建立融资规模控制长效机制。二是严格限制地方政府以组建地方政府融资平台的方式获得银行贷款；核实融资平台借债主体债务资金流向、债务投向、还款来源等，厘清政府债务与融资平台债务的边界，明确债务归属。三是对地方政府融资行为做好分类监管；严格防范融资平台违规融资，避免地方政府隐性债务增长，保证融资平台合法、合规融资；对存在较大风险创新性的融资模式加强监管，及早识别地方政府融资平台违法违规举债的苗头和趋势。四是大力推行地方债券，缓解地方政府财政资金压力，引导地方政府通过债券融资资金进入相关领域和重点项目，提升债券服务企业发展的能力，打开优质地方政府融资平台及其子公司通过发行债券等直接融资的渠道。

第二，加快各地区融资平台向市场化的投资运营公司转型。地方政府通过融资平台等举借政府债务，推动了地区产业升级和经济发展，因此虽然防范地方政府融资过程中的风险极为重要，但促进融资平台的创新和转型同等重要。在限制地方政府举债的同时不应干扰地方政府融资平台的健康发展。一是依法剥离融资平台政府融资职能，摆脱其对于地方政府的依赖性，限制其以政府担保名义向银行借债。二是妥善处理地方政府融资平台存量债务，严格规范融资平台公益性资产管理，加快优质资产注入和政策支持，提升平台发行债券等市场化融资能力。三是加快建立健全地方政府融资平台的现代企业制度，加强平台资金运作的监督管理，建立审计财务监管制度，强化融资平台“自主经营、自负盈亏、自担风险、自我发展”的市场化运营模式。

第三，完善金融市场改革，着力避免银行信贷歧视。地方政府要进一步保障公平竞争的市场环境，使市场在资源配置中起决定性作用。“硬化”地方政府预算约束，彻底切断政府对融资平台的隐性担保。从企业的角度来看，地方政府融资平台应该完善现代企业制度，实现政企分开，使信用评级能够真实反映企业经营绩效；否则，当地方政府融资平台真实信贷信用较低时，由于无法区分是由政策性负担还是管理层经营不善所致，当地银行依然不得不在政府的干预下给予帮助，进而导致银行坏账问题。从银行的角度而言，应继续推进各类银行的市场化和法治化进程，弱化信贷歧视，营造公平的融资环境，而且，相较于以银行信贷为主的间接融资市场，直接融资市场具有融资成本低、信息公开透明等优势。加强对直接融资市场的发展和维护，建立地方政府直接融资的市场，促进地方政府融资从间接融资为主转向直接融资为主，促进其更好地服务于地方经济发展。

第三节 地方政府融资与创新

一、地方政府融资与地区创新

创新是地区产业升级的根本驱动力，创新能力越高的地区，产业结构升级越快。前两节分析发现，地方政府融资会恶化微观企业的融资环境，但也有助于基础设施建设进而对产业结构升级产生促进作用。地方政府融资会如何影响本地区的创新能力？

本节利用2009—2017年省级融资平台负债数据与地区专利、经济等数据相匹配，实证分析了地方政府融资对地区创新的影响效应。结果表明，地方政府融资平台借债对地区创新的影响整体呈现正面效应，表现为地方借债越多的地区专利授权量越多。究其原因，笔者认为，综合前文研究结论，地方政府借债虽然会加大企业融资约束，降低企业对于研发技术和人员的投入，进而对地区微观企业的发展和创新造成负面影响，但是地方政府融资会加大地区基础设施投资，直接形成固定资产，不仅带动了劳动、服务的市场需求，也进一步提高了产业间的要素流动性。这为提升融资资金利用效率、合理规划融资资金投向提供了启示。

近年来，创新驱动发展战略在党中央召开的多次重大会议中被反复强调。创新对产业结构升级的重要性也已经成为学术研究和智库研究界的共识，创新被认为是驱动我国经济从高增长阶段转向高质量发展阶段的关键因素（李扬、张晓晶，2015）。考察地区创新能力的影响因素受到学者们的广泛关注，地方政府行为如何影响了地区创新能力更是成为热点话题。

一些文献认为地方政府行为显著影响了地区创新。丘海雄和徐建牛（2004）发现地方政府在产业集群技术创新中扮演了重要角色，解决了一部分市场失灵和产业竞争无序等问题。政府实施的产业政策能够通过政府补贴、税收等促进企业的技术创新，特别是民营企业中的技术创新。还有一些文献关注了地方政府创新所带来的负面效应。顾元媛和沈坤荣（2012）认为以GDP为核心的晋升激励、地方政府的财权事权不匹配降低了政府对企业的R&D补贴，从而使企业减少了研发投入。融资为地方政府采取各项经济措施提供了充足的资金，是地方政府行为逻辑中的重要环节。地方政府融资可以一定程度上实现地方在中央约束下的财政自主，投资基础设施建设可促进城市化进程、产业集聚，进而推动经济发展和产业结构调整，但也会产生一些负面影响。Huang等（2016）发现地方政府融资平台贷款会加大民营企业的融资约束，挤出私人部门的投资，甚至有可能抑制企业创新。我国的地方政府融资会对地区创新产生什么样的影响？地方政府融资是否通过影响创新作用于产业结构？创新力的提升是产业结构升级的必经之路，研究地方政府融资与地区创新之间的关系有助于厘清地方政府融资影响产业升级的具体作用路径。

大多数文献认为，我国地方政府融资规模扩张对企业创新具有明显的制约作用（张建顺、匡浩宇，2021；陈旭东等，2021；熊虎、沈坤荣，2019）。一是地方政府的过度负债挤出了企业信贷，使企业面临更加严重的融资约束，进而降低自身创新投入；二是由于企业难以从创新活动中获得更多收益，更可能将经营模式转向投资收益率更高的房地产业、金融业，因此主动削减自身创新投入。创新是成功率很低的试错过程，具有时间长、投入大、风险高、收效慢的特点，企业家投入资金进行技术研发并不只是一次投入，而是长期持续投入，如果其间企业借不到银行的贷款，那么企业创新活动可能就会中止，前期投资将成为沉没成本，见不到收益。假设一家企业在创新中遇到了融资困难，企业除了中止目前的创新活动外，也会为了规避资金链断裂的风险而调整自己的长期发展战略，即完全放弃创新转向更传统的项目。

创新能力推动高新技术产业和产业结构的发展（张同斌、高铁梅，2012），一个地区的企业创新规模反映了该地区创新能力的强弱，创新能力强的地区产业结构升级也会较为容易。企业创新是产业结构升级的重要微观基础，而充足的融资支持是企业进行创新的先决条件（朱晨赫等，2018）。2008 年国际金融危机后的四万亿投资计划使我国地方政府预算外债务激增，在此过程中，一方面地方政府通过融资资金进行基础设施建设，以招商引资实现考核激励下的经济发展目标；另一方面地方政府融资加重了信贷资源配置的“所有制歧视”，对企业的融资环境造成了一些负面效应。信贷市场上一直存在着“所有制歧视”问题，银行在选择借款对象时，相较于民营企业，更倾向于向国有企业贷款，因此非国有企业的信贷资源被挤占。地方政府融资平台大规模举债加剧这种不均衡、低效率的信贷资源配置状况（郭玉清等，2016），使民营企业的融资环境更加严峻（Panizza et al.，2016）。民营企业是创新生产过程中的主力军，其创新投入效率和创新产出更强（温军、冯根福，2012），在较多的信贷资源被地方政府融资平台挤占的情况下，民营企业可能会减少创新资源投入，创新产出也会随之下降，最终导致地区创新能力下降。

地方政府融资为基础设施投资建设提供了有力的资金保障，完善和丰富的基础设施是创新产生的基础性条件。理论上说，基础设施资本存量对企业研发存在规模效应，且该效应主要作用于大企业（蔡晓慧、茹玉骢，2016）。基础设施包括交通、邮电、供水供电等市政公用设施和公共生活服务设施。如果企业周围的交通更加便利、公共服务设施更加完备，企业的生产成本就会降低，那么企业将扩大自身规模，抗风险能力随之增强，企业更有可能将资金投入高风险的创新项目。融资资金无论是投资于以铁路、公路、机场等为代表的传统基础设施，还是投资于 5G 网络、工业互联网、物联网等新型基础设施，都可能带来高端特色产业集群效应，提高创新成果的产出概率。例如，在绍兴市人民政府的牵头下，绍兴城投与华为公司合作成立“绍兴市 5G 创新应用中心”，为绍兴数字经济产业园建设和发展注入了强劲动力，有利于传统企业的数字化转型与创新。另外，地方政府利用融资资金投资于基础设施与公共服务还可以保障公共资源供给的均等化和公平化，吸引更多人才，有利于激发城市创新活力，提高地区创新力。通过完善本地学校、医院等配套公共服务和市政基础设施将吸引国内外一批高校、研发机构、高新技术企业的顶尖人才，以进入高校科研团队或者企业科研项目等方式参与到基础研究、多学科交叉前沿研究中，促进重大科研创新成果孵化。例如，北京市怀柔区为了更好地建设怀柔科学城，2022 年经审批新增了大量地方债券。新增一般债券主要用于美丽乡村建设、区域综合医疗服务能力提升和城市环境综合治理等方面；新增专项债券重点支持科学城创新基地（清华工业研究院）项目、城市客厅及配套公共服务和怀密线等怀柔科学城市政基础设施建设等项目[①]。

但是，地方政府将融资资金过多投入到基础设施建设等公共投资项目，可能对创新活动产生不利影响。第一，当基础设施投资等政府公共支出增加时，市场利率随之上升，将挤出私人投资（Spencer & Yohe, 1970），同时，政府为基础设施融资而借债将造成金融市场资金紧张，企业融资成本上升，更可能会放弃风险高、回报周期长的创新项目（蔡晓慧、茹玉骢，2016）。第二，地方政府通过融资进行基础设施等公共投资可能会造成资源浪费，加剧产生过剩等问题，对经济活动产生不利影响（项后军等，2017），面对可能存在的宏观经济风险，企业会秉持保守的发展战略，降低研发投入，减少创新项目开展。

从以上几个方面看，地方政府融资既有可能抑制地区的创新力，也有可能促进地区的创新力。有可能在一定债务范围内地方政府融资对创新力是正向的，但超过一定范围，会影响企业融资和政府还款能力，因此不利

① 张同发:《北京市怀柔区人民政府关于 2022 年新增地方政府债务限额及预算调整方案的报告》北京市怀柔区人民政府网站，2022 年 7 月 12 日。

于地区创新，笔者猜想地方政府融资对地区创新能力有可能是非线性的。

二、地方政府融资影响创新的实证分析

针对上文研究假设，本节实证检验省级地方政府融资是否对地区创新产生影响。地方政府融资行为可能在当年对企业的融资环境造成影响，而企业从融资到研发投入再到创新产出可能会经历1年的时间，因此地方政府融资行为对地区创新能力的影响效应可能会在下一年出现，即该效应具有时滞性。

本部分以地方政府融资平台负债数据为观测窗口，实证分析了地方融资行为对地区创新的影响。中国地区创新需要政府因势利导，地方政府通过建立产业园区、增加基础设施供给为企业创新、人才集聚提供了优越的基础条件。而地方政府融资使当地可以充分发挥自身因势利导的作用，为建立产业园区、建设基础设施等提供充足资金，从而促进地区创新力的提升。

为了考察地方政府融资对地区创新能力的非线性影响，笔者加入核心解释变量的平方项。参考张杰、杨连星和新夫（2016）以及朱晨赫、杨筝和程晨（2018）的研究，在方程中加入了滞后一期作为其中的解释变量，设定计量模型如下：

$$innovation_{i,t+1} = \beta_0 + \beta_1 debt_{i,t} + \eta Z_{i,t} + \varepsilon_{i,t} \tag{5-5}$$

其中，下标 i、t 分别代表所在省份与所处年份，$innovation_{i,t+1}$ 指地区 i 在 t+1 年的地区创新能力。β_0 是截距项，Z 表示影响地区创新能力的一系列控制变量，包括对外开放程度、人力资本、人均 GDP 等。$debt_{i,t}$ 是核心解释变量，代表地区 i 在 t 年的融资平台负债增长。ε 代表随机误差项。在下文中使用固定效应回归。不同地区由于资源禀赋不同、政府扶持政策差异可能对创新产生不同影响，因此回归时控制地区效应。经济环境、政府扶持政策可能会随时间的变化而变化，为了控制住时间变化的影响，回归中同时固定了年份效应。创新力强的地区会影响当地对外开放程度、经

济发展等，为避免控制变量与被解释变量之间的反向因果关系造成结果偏误，回归中采用了滞后一期的控制变量。

笔者选择了全国 31 个省（区、市）2009—2017 年的样本数据[①]，一是地方政府融资平台从 2009 年开始兴起，2009 年之前的地方政府融资平台负债数据过少；二是省级层面地区创新能力的数据覆盖范围较广，地级市层级的数据难以获得，考虑到数据的可得性，使用省级数据进行回归。

找到衡量中国省级层面的创新能力指标在既有研究中是难点，也是保证结论稳健的重要环节。参考张杰、杨连星和新夫（2016）等既有文献，从创新产出角度来看，选择中国省级发明专利授权量增长率来度量创新能力，计算方式为:（本年地区发明专利授权数量 − 本年地区上年发明专利授权数量）/ 本年地区上年发明专利授权数量。我国《专利法》将专利分为发明专利、非外观设计专利、实用新型专利。其中，发明专利是创新驱动发展的风向标，发明专利的数量能够体现一个国家和地区的创新能力，这已经是学者和政策制定者的共识，同时发明专利的授权数量也是既有文献经常用的地区创新能力指标之一（Aghion et al.，2002；Hashmi，2013）。另外，相比于发明专利的申请数量，授权形式的专利显然更能体现一个地区的实际创新能力（Hsu et al.，2014）。以上数据中，发明专利授权等指标以及其他经济数据来自国泰安数据库，缺失数据从《中国统计年鉴》中补充。

如前文一样，使用省级融资平台负债增加额度作为地方政府融资程度的代理变量，并作了对数化处理。控制变量包括：人均 GDP 增长率、人力资本、国有部门销售收入占本地区 GDP 比重、人口、对外开放程度、地区税收水平。

人均 GDP 增长率：人均 GDP 增长率能够反映不同地区经济发展水平、技术水平以及内需规模的差异，而这些因素均是影响地区创新活动、导致地区创新能力差异产生的重要因素，因此有必要对人均 GDP 增长率加以控制。

---

① 由于新疆、西藏相关数据缺失过多，并且受到中央政策扶持，故在回归中删去新疆、西藏样本。

人力资本：充足的人力资本是创新产生的必要条件（Alegre et al.，2006；孙文杰、沈坤荣，2009）。大多数文献使用人均受教育水平衡量人力资本（陈钊等，2004），为了使数据更全面，利用省级层面的平均受教育年限来计算人力资本指标。计算方式为：（样本中含小学文化程度人口数 ×6+ 初中文化程度人口数 ×9+ 高中文化程度人口数 ×12+ 专科及以上文化程度人口数 ×16）/6 岁以上样本人口数。

国有部门销售收入占本地区 GDP 比重：具体使用中国各省（区、市）国有企业销售收入与本地区 GDP 的比重（取对数）来表示。国有部门的经济活动是影响地区创新能力的重要因素（Lin et al.，2010）。一方面，在信贷市场具有“所有制歧视”的现实情况下，国有企业能够从银行获取更多信贷资金，投入的创新资源也更多，同时，国有企业更容易获得来自政府的创新补贴等国家创新资源。因此，国有企业规模越大的地区可能更具创新活力。另一方面，国有企业能够从银行获取更多信贷资金，容易造成对民营企业信贷资金的挤出，可能会降低民营企业创新活力，从而抑制地区的创新发展。基于上述事实，国有部门因素有必要加以控制。

人口：使用中国各省（区、市）的年末人口（取对数）表示。人口是提升创新力的重要因素，一个地区人口增加得越快，预示着该地区的创业精神和创新活力越强。

对外开放程度：使用中国各省（区、市）的进出口总额占 GDP 比重（取对数）表示。大多数研究证实，对外开放程度是影响地区创新的重要因素（Atkeson & Burstein，2010；Bloom et al.，2013）。进出口贸易从不同渠道作用于地区创新，可能对地区创新产生促进或者抑制作用。一方面，国外进口贸易中涵盖了一定比例的先进生产设备和技术，这可能会对本地企业的技术创新形成优势互补效应，或者会对本地企业造成一定竞争压力，促使其增加创新投入和创新产出（Kasahara et al.，2008；Lu & Ng，2012）。另一方面，区域内本土企业从出口贸易中学习了国外的先进技术，促进企业创新力的提升；或者一些企业运营过于依赖出口贸易，可能已经被发达国家控制在了全球产业价值链低端的生产环节，从而抑制了中国自主创新能力的提升（Wang &Yu，2012；刘志彪、张杰，2007）。因此，必须在回归中对进出口贸易的效应加以控制。

地区税收水平：使用省级地方政府税收收入占地区 GDP 比重表示（取对数）。由于创新活动具有正外部性，为支持区域创新活动，政府实施了各种符合地区发展情况的税收优惠政策（戴晨、刘怡，2008）。企业可能会因为税收减免而增加研发投入，从而促进创新生产，最终将影响中国各地区的创新活动。因此有必要对中国各省份税收水平加以控制。

以上数据均来源于国泰安数据库，少数缺失数据从《中国统计年鉴》与《中国城市统计年鉴》中补充且均作了对数化处理。各数据的描述性统计见表 5-8。

表 5-8 描述性统计

变量	含义	观测值	平均值	标准差	最小值	最大值
increase	专利授权增长率	244	7.848	14.91	-0.994	77.49
debt	融资平台新增负债	232	8.143	1.121	4.737	10.64
gdpth	人均 GDP 增长率	261	10.64	0.481	9.241	11.77
humancapi	人力资本	261	2.228	0.119	1.668	2.598
state	国企收入占比	261	-0.923	0.465	-2.341	0.115
lpopu	年末人口数	261	8.315	0.989	5.820	11.84
fdi	对外开放程度	261	5.540	2.204	-1.811	9.482
tax	税收收入占 GDP 比重	261	8.381	0.639	6.992	10.22

资料来源：国泰安数据库、《中国统计年鉴》和《中国城市统计年鉴》

本部分实证分析了地方政府融资对于地区创新的影响。表 5-9 汇报了地方政府融资平台新增负债对地区创新的影响。在同时控制了地区效应、年份效应后，主要的核心解释变量对地区创新（专利授权量增长率）的作用系数皆显著为正，二次方系数为正，说明地方政府融资平台新增负债对于地区创新的影响呈现倒 U 形。

表 5-9 地方政府融资平台新增负债对地区创新的影响

被解释变量	(1)
融资平台新增负债滞后一期	15.14***
	(2.946)
融资平台新增负债滞后一期的平方	-1.260***
	(-3.161)
控制变量	控制
年份效应	控制
城市效应	控制
样本量	167
R^2	0.862

注：*** 代表 1％的显著性水平，括号内为标准误差。
资料来源：国泰安数据库、《中国统计年鉴》和《中国城市统计年鉴》

中国地区创新需要政府因势利导，地方政府通过建立产业园区、增加基础设施供给为企业创新、人才集聚提供了优越的基础条件。当债务规模在一定范围内时，政府融资使地区可以有资金充分发挥自身因势利导的作用，通过建立产业园区、建设基础设施等吸引私人投资，从而促进地区创新力的提升。但如果借债过多，可能会挤占银行信贷，挤出私人投资，对企业融资造成负面影响，企业资金面临困难更不会增加研发投入、开展创新项目。另外，债务偿还将对政府财政造成压力，不利于政府对企业的创新进行支持。

三、进一步讨论

2014 年，为了防范地方政府融资过程中的风险和规范地方政府举债，国务院发布了 43 号文，明确规定了地方政府举债范围和举债程序，特别对地方政府融资平台的融资行为进行了诸多限制。43 号文对之前违规举债的地方政府形成了较为有力的约束，在严格的监督管理下，地方政府融资平台也渐渐转型为市场化运营的国有资产管理企业，这可能为信贷资源的市场化配置消除了障碍。43号文所带来的政策效应能够使信贷资源反映地方政府融资平台的经营状况，弱化“所有制歧视”所带来的信贷效率损失。

具体来说，43号文的颁布明确了以正规PPP融资和发行债券等市场化融资方式为主导的地方融资行为，推动了地方政府举债的规范化，使地方政府融资平台向银行借款成本能够一定程度上真实地反映其运营的项目收益率。从宏观来看，这可能降低金融市场的信贷配置效率，提高整个地区资源配置和流动效率；从微观来看，地方债务治理缓解了地方政府融资对企业信贷资源的“挤出效应”，企业，特别是非国有企业的融资环境得到改善，其创新投入和创新产出也随之提高，那么整个地区的创新能力也会得到提升。

四、小结

结合前文所述，地方政府融资对创新的影响有两种渠道。第一个可能的渠道是通过影响企业融资环境降低地区创新力，地方政府融资平台向银行借贷，造成民营企业信贷资源的“挤出效应”，加大企业融资约束，降低了企业对于研发技术和人员的投入，进而对地区企业的发展和创新造成负面影响。第二个可能的渠道是通过投资基础设施提高地区创新力。地方政府将融资资金投入本地配套公共服务和市政基础设施建设，带来高端特色产业集群效应，提高创新成果的产出概率。基础设施的完善也吸引更多人才，有利于激发城市创新活力，提升地区创新力。因此，地方政府融资对地区创新的影响存在正面和负面两种效应。地方政府融资促进了地区创新能力的提高，可以认为其对创新的正面效应更大。企业是创新的主体，而新型基础设施建设可以提升中小企业竞争力、加快创新产业集聚，推进产业高端化发展。地方政府融资收入可能显著提高新型基础设施中的移动基站数量与光缆线路长度，从而对地区创新力产生正面效应。本章结论为地方政府通过融资来提高地区创新力、促进产业升级提供了经验性证据，也为今后如何进行规范化政府融资过程管理和如何选择融资资金投向领域提供可借鉴的思路。

第六章 地方政府融资风险防范与治理

第一节　地方政府融资与系统性风险

防范化解地方政府融资过程中的风险，是坚决打好防范化解重大风险攻坚战的硬性要求。使财政与金融协同配合，更好地规范和监管地方融资机制，更是防范系统性金融风险的一大关键。

2021年中国人民银行出台的《宏观审慎政策指引（试行）》对系统性金融风险作了明确的定义：系统性金融风险是指可能对正常开展金融服务产生重大影响，进而对实体经济造成巨大负面冲击的金融风险。系统性金融风险主要来源于时间和结构两个维度。从时间维度看，系统性金融风险一般由金融活动的一致行为引发并随时间累积，主要表现为金融杠杆的过度扩张或收缩，由此导致的风险顺周期性自我强化、自我放大。从结构维度看，系统性金融风险一般由特定机构或市场的不稳定引发，通过金融机构、金融市场、金融基础设施间的相互关联等途径扩散，表现为风险跨机构、跨部门、跨市场、跨境传染。

地方政府融资平台风险是系统性金融风险的监测重点之一，即地方政府融资中的举债风险有可能引发系统性金融风险。由于政府隐性担保预期和市场对地方债券信息披露不完全，金融主体将无法准确识别债务风险。商业银行尤其是区域性商业银行是我国地方政府债券的主要购买者，地方政府融资与银行等金融机构的业务相互关联，这意味着，在地区存在显著财政缺口的背景下，如果地方政府大规模融资，融资平台违约的风险加大，地方金融体系的安全性将会受到冲击，风险可能通过金融机构、金融市场跨区域传染，进而触发系统性金融风险。

一些学者将地方政府融资中的举债风险分为表外债务风险与表内债务风险（周世愚，2021）。其中，表内债务是指纳入政府预算管理的债务，即显性债务，包括专项债与一般债券。表内债务风险主要体现为专项债风险集聚。2020 年以来，受新冠疫情冲击，地方财政收支矛盾日益加重，为了稳定经济、带动有效投资，我国近几年专项债务持续攀升。从图 6-1 中可看出[①]，在地方债务余额中，专项债务增速明显。从发债的实际情况来看，市场难以准确监测专项债风险。在一级市场发行中，由于政府信用的加持，各省份专项债信用评级均为 AAA 级。同时，由于专项债券市场信息平台建设不完善等原因，专项债发行信息披露不够完全，投资者无法准确甄别债券风险（龙小燕等，2021）。在 2020 年后，作为专项债主要偿债来源——地方政府性基金收入，具有下降的趋势。土地出让收入在政府性基金收入中占比最高，也可以说专项债偿债资金高度依赖土地出让收入。近两年房地产调控收紧，楼市低迷。根据国家统计局数据，自 2021 年起全国商品房销售额及销售面积增速持续下降；进入 2022 年，全国商品房销售额及销售面积增速由正转负，即全国商品房销售额累计总额和商品房销售面积累计总数同时下降。可见，目前土地市场低迷，政府土地出让收

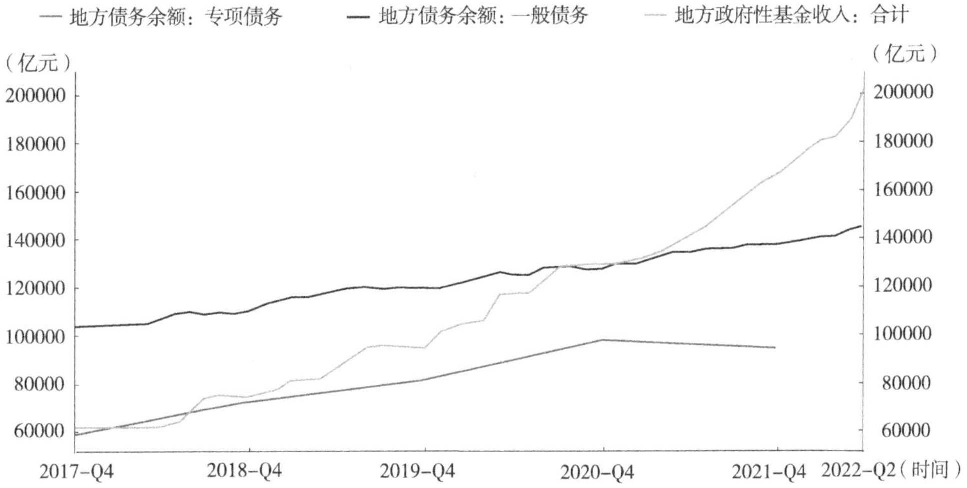

图6-1　2017—2022 年地方债务余额及地方政府性基金收入数据（季度）
资料来源：国家统计局网站

① 2022 年地方政府性基金收入数据暂未公布。

入将不及预期。在此背景下，专项债偿债压力加大，偿还风险也会随之上升。

表外债务即隐性债务，指未纳入预算管理、政府直接或者承诺以财政资金偿还以及违法提供担保等方式举借的债务，主要用于民生服务领域的建设性项目投资，包括融资平台债务、PPP、各类基金、政府购买等。表外债务风险主要体现为风险传播对象分布较为广泛。

一是风险有可能向上级政府传导。我国公共财政债务正在迎来高峰期，近几年受新冠疫情影响，城市财政收入压力极大，如果出现债务偿还困难，更可能会求助于省级政府、中央政府为其兜底。

二是风险向金融机构传导。隐性债务融资大多涉及的是城市建设性项目。相比于私人企业，商业银行进行贷款决策时更可能会选择有政府背景的融资平台或者 PPP 项目相关市场主体。此类项目周期长、收益低，随着商业银行对项目相关方融资平台等信贷投放的增加，信贷风险将不断加大，一旦出现债务违约，大量银行贷款无法到期收回。而此类债务已不再属于地方政府法定应该偿还的范围，这将给金融机构带来较大的流动资金压力和资产质量风险，威胁金融体系的安全与稳定。

三是风险可能向市场主体传导。一些地方政府可能会以违约的方式将风险向市场主体转嫁。例如，在不规范的 PPP 或地方政府融资平台项目中，政府可能通过口头担保或书面承诺获得融资，如果债务出现还款困难等问题，作为其合作方的企业的权益难以得到保障，风险由此转移给市场主体。

地方政府融资规模扩张会加剧宏观经济波动（项后军，2017；毛锐，2018）。地方政府的投资冲动使地方政府融资行为呈现顺周期性，加快其向金融系统的传递速度。地方政府融资行为中的风险主要通过银行等金融中介部门传导。在经济繁荣时期，随着政府投资、私人投资同时增加，政府和企业的信贷需求上升，商业银行可能扩大信贷，杠杆率进一步攀升。而经济下行时期，商业银行为了抵御流动性风险会持有更多政府债券，这将减少对企业的信贷供给，导致银行惜贷、抽贷现象的发生，使得部分经营稳健的企业出现融资困难，导致银行不良资产进一步增加。

虽然地方政府融资过程中的风险是经济、金融风险的主要来源，但只要及时关注其融资规模和结构，重视融资风险评估和治理，防范融资对金融机构、市场的风险扩散与传染，无论是地方的财政可持续，还是融资平台带来的风险，均是可以控制的。

具体建议如下：

一是积极化解存量债务风险。地方政府可以适当通过平滑偿债高峰缓释债务风险，即将短期限、高成本的债务，置换为长期限、低成本的债务。例如，地方政府可通过资产证券化、债务置换等方式顺延到期债务。二是控制新增显性债务，遏制隐性债务。警惕专项债扩张过快给政府带来还本付息的财政压力，在经济持续向好背景下，可以考虑适度压缩地方政府专项债规模。对与地方政府有关的各项金融机构数据严格开展合规检查，遏制地方政府通过资产衍生和风险联保进行融资的可能。三是阻断地方债务风险的传播渠道。建立多维度、分层次的地方债务风险评级制度和风险预警机制，加强对负债率指标的动态监测。加快融资平台的市场化转型，缓释风险对金融部门的关联传导。

第二节 其他风险

地方政府融资为城市带来发展机会的同时，也带来了一些风险。从狭义上说，地方政府融资过程中的风险来自于地方政府无力偿还到期债务，从而引发的财政金融风险。从广义上说，地方政府融资过程中的风险除了包含债务偿还引发的财政金融风险，还包括对政治、法律等制度变化，经济发展以及社会稳定等带来的消极影响。

一、地方政府融资与政府治理

良好的政府治理体系对于国家的发展与稳定至关重要，提升政府治理的效率成为促进经济发展的一个重要因素。其中，有效地激励与监督地方官员行为，是中央政府治理的重要部分，关系着政府治理能力和治理体系现代化的推进。

改革开放以来，中国经济保持了40余年的高速增长，这与中国政府的官员治理体制密不可分。以经济增长为核心的考核机制为中国经济高速增长奠定了关键性的制度基础，成为中国经济增长模式极为重要的一部分。一方面，一些学者将经济增长的奇迹归功于地方政府之间存在着“晋升锦标赛”（Li & Zhou，2005；Zhou，2016；周黎安，2007）。20世纪80年代，中央提出以经济建设为中心，人事上倾向于任命那些更有能力完成中央目标，即快速提升地方经济的官员。另一方面，一些学者则认为财政上的分权使中国地方政府有极高的热情去维护市场，推动地方经济增长（Qian & Roland，1998）。财政分权与政治晋升相结合的治理模式使中央政府可以提供足够的激励与约束，形成了中国地方官员竞争激励机制，从而推动了经济增长（Blanchard & Shleifer，2001；Tsui & Wang，2004）。

实际上，中央和地方的财政分权程度一直处于调整和变动中。财政分权使得地方官员对地方财政收支拥有了更大的自主权，在地区经济活动中所起的作用也越来越显著。然而，分权改革也可能会对地方公共服务、公平与效率的改进产生负面影响。当地方政府拥有更多财政自主权的时候，可能会出现腐败、重复建设等问题。财政分权程度扩大会对政府治理效率产生什么影响？是否还能保证以经济指标为主的考核体系的有效性和公平性？地方政府融资收入作为一种在国家政策下变动的预算外收入，其规模变化可作为地方财权控制程度的一种反映。研究其对政府治理的影响，不仅有利于回答以上问题，还有助于考察地方政府融资除经济风险之外的风险。

地方政府通过融资获取资金一定程度上放松了自身的财政预算约束，当地方有更多资金可以处置时，之前行之有效的官员激励和监督机制是否依然有效？融资收入增加了地方政府参与经济的财力手段，使其不再局限于当地的税收与土地出让收入。一方面，地方政府有了宽裕的资金，便可以增加公共物品的供给，改善基础设施和投资环境，有效地促进地方经济增长、调整城市产业结构，提高政府治理效能。另一方面，在以经济增长为中心的考核机制下，地方官员可能会主动地筹集资金以投资拉动经济。在信息不对称和监督困难的情况下，地方政府为了大规模融资可能会忽视投资项目能否取得稳定而持续的利润流，从而造成资金使用效率低下。

具体来说，地方政府融资对于政府治理可能会有以下影响：

中央政府在搜集信息方面的劣势，使其不断调整对地方的财税分成以达到对地方政府的激励和监管。在对官员干部的考核机制设计中，地区的经济发展情况以及治理情况成为上级政府考核的重要指标之一。除经济发展速度之外，我国还适时转变发展方式，强调对发展结构的重视，并对产业升级、产业结构转变提出要求。2009 年后，地方政府融资渠道放宽，地方官员利用更多融资收入，以满足城市经济增长、产业结构调整、人口膨胀和城市化进程加快的资金需求。有能力的地方官员可以将融资收入投入到高效率的、有利于经济发展的领域中。适度的分权与有效的考核体制可以使地区以良好的方式发展经济，与中央目标保持一致。

但是，如果地方政府过度重视融资规模，忽视项目质量，则会导致重复建设或无效投资，忽略对教育、科技等有利于城市长远发展领域的投入。Wildasin（2003）研究发现，若地方政府面临预算软约束，则会过度融资和支出，而较少关注投资项目的质量。马恩涛、于洪良（2014）也发现，如果地方政府面临着预算软约束，则它们会有过度支出、过度借债并忽视其投资效果的冲动。在 2015 年新《预算法》实施之前，相应对于地方政府融资行为的监督跟踪措施较少，在没有考虑到地方实际能力和民生服务配套的情况下，融资资金的过度使用可能会产生众多低利用率的基础建设，对官员的监督和激励机制造成了负面影响。

此外，在地方政府融资中占比较大的隐性债务大多以地方政府融资平台为融资主体。由于之前对于融资平台借债的相关法律法规条例欠缺，发债过程中的专业性、隐蔽性强，地方人大、地方政府等对融资平台的监督机制并不完善，因此地方政府融资平台极易成为舆论监督、法律监督的盲点。作为发行城投债主体的地方政府融资平台，包括不同类型的城市建设投资、城建开发、城建资产公司等企事业法人机构，其业务与土地抵押贷款、城市大型工程项目建设、产业投资等结合紧密。其运营与管理受到地方政府相关部门的限制。例如，地方政府融资平台刚成立时需要通过抵押土地进行贷款，其中涉及的财政资金、银行资金、社会资金、土地资源等都需要依靠各级政府把关。城投公司在运营期间的工程招标、工程建设、转让土地等项目审批权掌握在地方政府手中，而地方政府的这些审批又受上级政府的约束。

综上所述，地方政府融资可能在给政府治理效率提升带来机遇的同时也会带来风险。本节认为，无监管、无预算条件下放开财政大权，会带来不良后果，但应理性看待地方政府融资行为，一方面充分满足地方发展的资金需求，另一方面要建立科学严格的举债审批监管机制。本节的研究对以后市政债券的发行投向和监管方向具有启示意义。要确保地方政府融资资金真正用于扩内需、保增长和改善民生、造福人民。因此，有必要建立地方政府投资建设项目向社会公布制度，让公众对政府投资建设项目发表意见和建议，特别是对于争议较大的项目，这样才能真正将预算外收入充分用于经济社会发展。

二、地方政府融资与土地收入

受旧《预算法》约束，地方政府无法发行地方政府债券，融资平台的存在满足了地方在财政预算缺口下的融资需求。2015 年实施的新《预算法》也仅仅将举债权下放到省级政府，即市级、县级债务由省级政府代发代还。由于《中华人民共和国担保法》的存在，地方政府不能为融资平台的贷款提供担保，2010年国务院下发的《关于加强地方政府融资平台公司管理有关问题的通知》也规定，地方各级政府不得为融资平台的融资行为提供担保。融资平台是如何在不违反法律规定的情况下成立起来的呢？

融资平台可以看作地方政府组建的一个财务指标可以达到融资标准的经济实体。地方政府想成立融资平台，需要把土地、地方国企股权、上市公司股权等资产注入平台账面资产，作为其在金融市场进行融资的抵押品。其中，地方政府手中掌握大量的储备土地，且更倾向于向平台注入此类资产。融资平台一般是地方基础设施建设和土地开发的主体，能够代替政府承担土地储备、前期开发的工作。项目运作中会产生大量的土地增值收益，其中大部分转化为融资平台的资产和利润。由于过去企业发行债券受其净资产的限制，融资平台为了提升自身融资能力，会想办法扩大其总资产和净资产规模，可能将更多的土地注入企业账面资产。可见，土地与融资平台的关系十分密切，直接影响了地方政府的融资能力。

土地出让收入与地方政府融资有着千丝万缕的关系。一方面土地收入影响着融资规模的扩张（主要是隐性债务），地方政府融资严重依赖土地；另一方面地方政府融资规模扩张在土地出让、房地产市场波动中扮演着重要角色。

地方政府融资收入与土地收入都可以看作地方财政收入。笔者曾发表过的一篇文章[①]，实证考察了土地财政对地方政府发债行为和发债成本的影响。研究发现，土地出让收入越少的城市发债越多、发行债务利率越高，金融风险就越大。进一步分析发现，在地方财政支出日益增长的情况下，土地出让收入少的地方政府有更强的动机大规模发债，进而由于土地收入少、偿债能力弱，会面临更大的偿债风险、更高的发债利率。土地收入的

① 司海平、魏建、刘小鸽：《土地财政与地方政府债务陷阱——基于发债动机与偿债能力的双重视角》，《经济经纬》2016年第4期。

降低显著增加了地方的发债规模与发债风险。

土地财政收入与融资收入都是地方政府获得财政资金的重要渠道。土地财政指一些地方政府依靠出让土地使用权的收入来维持地方财政支出。中国的土地财政主要是依靠增量土地创造财政收入，也就是通过土地出让金来满足财政需求。大量文献认为，地方政府财权事权不匹配造成了地方政府的财政困境，因而只能依赖土地财政，土地财政之外的地方收入增加空间十分有限。1994 年分税制改革和 2002 年所得税收入分享改革后中央分得地方的大部分财政收入，地方政府面临财政收支的巨大缺口，着急寻求预算外收入来源（李郇、洪国志等，2013）。由于传统非正式资金来源的受限和土地在工业化过程中的不断升值，土地出让收入最终成为地方政府补充财政收入的主要渠道（郭艳茹，2008；周飞舟，2010）。2007 年以后，国家将全部土地出让收入纳入地方政府性基金预算管理，土地使用过程受到严格限制。近些年，由于土地供应结构和方式发生变化、房地产市场调控效应继续显现以及土地价格涨幅收窄等多种因素影响，土地出让收入持续下降。而土地出让收入的降低致使地方政府面临更多借债，在地方政府卖地收入不足以支撑地方融资资金偿还或者其他财政支出，且其他财政收入又贫乏的情况下，地方政府可能会通过再度融资来弥补财政收支缺口，因此土地收入少的城市发债多。

同时，地方政府融资后的债务偿还对土地出让收入依赖较大。这些土地出让收入紧缺的城市不仅发债多，还债能力还比较弱，地方发债风险由此上升。地方政府很有可能以债务置换来缓解金融风险和财政支出压力，然而债务置换具有隐性担保效应，这暗示着置换计划可能强化了市场投资主体对政府部门为融资平台提供救助的预期（钟宁桦等，2021），置换后地方政府很可能会通过其他类似融资平台的模式使债务再度膨胀。“以时间换空间”的地方债务置换的“救急之举”，确实减轻了债务集中到期的还款压力，但如果对应措施仅限于短期，那么由于地方政府发债动机与偿债能力均没有从根本上得到改善，随着地方财政收入的短缺和财政支出的逐年上升，地方政府的债务在长期还是会陷入困境。另外，虽然新《预算法》对地方政府融资平台发债进行了诸多限制，但没有从根本上解决地方政府的资金压力问题。

从前文中可知，地方政府融资严重依赖土地，无论是纳入地方政府预算内的专项债务，还是融资平台举借的债务，最终的偿还能力都与土地出让收入密切相关。从融资平台的资产注入，到借债、发债过程中的担保、抵押，再到债务本息的偿还都离不开土地及其收益（冀云阳等，2019）。当土地市场、房地产市场出现波动时，必然会对地方政府融资行为有一定的影响。

房价和地价紧密相连，高地价推动高房价，高房价又带来高地价，两者相互交织，加大了土地抵押贷款等土地融资的力度，也为地方政府融资带来一定风险。在不同用途的土地中，商住用地和住宅用地的价格最高，融资平台大多通过大众对商住用地和住宅用地价格上涨的增值预期来进行土地抵押贷款，在融资杠杆的作用下，最终的融资金额远大于土地本身的价值（毛文峰、陆军，2020）。同时，融资项目大多与基础设施建设有关，完善各类基础设施将改善居民的居住和工作环境，对住房需求产生正外部性，一定程度上提升了房价和地价。银行对土地储备的估值会更高，为以土地抵押方式获取融资带来更多的机会，地方政府的融资能力由此得到大幅提升，可能会放大地方过度举债的风险。

需要注意的是，对房价调控不当极有可能触发地方政府融资过程中的风险。房价下跌带来土地估值和土地收入下降，有可能直接影响地方政府偿还债务的能力，带来财政风险。同时，风险还会波及或传递给金融部门，进而影响经济主体的投资与产出。当房价地价下跌使地方政府无法偿还债务时，由此带来的债务违约将导致金融部门资产受损，金融部门考虑到风险会减小放款力度，那么贷款利率将大幅上升，所有经济主体的融资成本上升，导致社会各部门的投资和产出大幅下降（梅冬州等，2021）。

为了遏制房价地价波动带来的债务风险，2019 年初，自然资源部研究发布了《关于进一步规范储备土地抵押融资加快批而未供土地处置有关问题的通知》，规定要严禁以政府储备土地违规融资，严禁将储备土地作为资产注入国有企业。虽然之后有一些融资平台违规，仍然通过抵押土地使用权造成新增隐性债务，但该通知出台后，已在很大程度上减弱了地价、房价波动对地方政府融资造成的影响。

另外，地方政府融资资金投向不当将造成城市发展失衡。有学者发现，我国城市发展特点是建成区面积扩张速度远快于人口城市化速度，导致城市空间持续向低密度、分散化蔓延。在新城、开发区、产业园区建设中，地方政府积累了大量债务，大部分用于基础设施和公共服务的建设。为了提高自身偿债能力，部分地方政府盲目抬高地价，既导致了房价的上涨和房地产投资过度，也加大了普通企业的投资成本。城市经济发展质量的下降，大幅降低了地方的长期债务偿还能力，使城市的未来经济发展面临较大的经济风险。

第七章 总结与建议

本书从微观层面和宏观层面探讨了地方政府融资对经济社会发展的影响作用，并分析了地方政府融资过程中的风险管理的思路。宏观上，地方政府融资对地区的经济增长、产业发展存在正向和负向的影响效果；微观上，地方政府融资作用于基础设施建设、企业融资约束和创新。推动基础设施建设、影响企业融资约束和创新都是地方政府融资在微观层面影响经济发展的重要途径。本书具体有以下结论。

宏观层面。第一，从总体来看，地方政府融资对经济增长有着促进作用，但地方政府融资的经济效应有着异质性。融资资金投入到东部、中部地区时，可以使得地区获得经济发展机会；融资资金投入西部地区，有可能不利于经济增长。第二，从地方政府融资对产业升级的总体效应来看，地方发债是地方政府引导地区产业结构升级的重要行为。城投债发行对产业结构升级具有积极影响，城投债投向不同行业对产业结构升级的影响效应存在差异。城投债投入建筑业和交通运输等传统基础设施行业对产业结构升级没有显著影响，投入综合类行业、房地产业、科技文化行业中将对产业结构升级产生明显的正向影响，投入金融行业不利于产业结构升级。本书认为，地方政府融资可以成为地方政府自主调节产业结构的财政手段，合理的地方政府融资资金投向、融资规模与融资方式可以促进地区经济发展。目前经济形势以及地方政府的总体财政状况依然严峻，鉴于本书的研究，建议可以适当使用以城投债为代表的地方政府融资平台这一载体，但要根据当地经济和产业发展阶段的实际情况规范地方政府融资行为。适度和合理的融资规模、融资方式、债务投向能够促进当地产业结构升级，地方政府可以利用融资收入，合理行使其财政自主权，为产业政策实施提供资金保证。

微观层面。第一，地方政府融资显著推动了交通基础设施中铁路里程、内河航道里程的建设；在邮政基础设施方面地方政府融资显著提高了邮局所数量；在通信基础设施方面地方政府融资显著提高了移动基站数量与光缆线路长度。进一步分析发现，受地方政府融资影响建设的基础设施显著促进了产业结构升级，证实了地方政府融资—基础设施建设—产业升级这一路径成立。同时，本书认为传统基础设施行业投资回报率下降，政府资金投入该领域对产业发展的正向促进效应已经式微，而当前经济社会发展对环境保护、信息网络等方面的新型基础设施需求日益增加。因此，地方政府在融资时要更多考虑对新型基础设施建设、科技文化行业的扶持，避免过多资金投入传统基础设施行业，并且地方政府融资资金的投向领域尽量多元化，减少和限制对金融业和房地产业的涉及。第二，地方政府进行融资占用了过多信贷资源，加大了企业融资约束。分样本回归发现，地方政府融资平台成立数量显著加大了民营企业的融资约束，对于国有企业融资约束没有显著影响。进一步研究发现，如果融资平台采取发行城投债的方式进行融资，则会改善民营企业的融资约束，而对于国有企业没有显著影响。本书认为，地方政府在发行城投债进行融资时，应注重对融资资金投向的行业选择。要规范地方政府融资行为，加快地方政府融资平台市场化改革，避免地方政府融资降低信贷市场的资源配置效率。继续推进各类银行的市场化和法治化进程，弱化信贷歧视，营造公平的融资环境。第三，创新是地区产业升级的根本驱动力，地方政府融资通过影响地区创新力作用于经济增长和产业结构升级。地方政府融资平台规模对地区创新的影响呈现正面效应，表现为地方政府融资规模越大的地区专利授权量越多。

通过从金融和财政方面分析地方政府融资过程中的风险防范和治理，本书认为应该按照“疏堵结合”的原则治理和防范地方政府融资过程中的风险，主要政策建议有以下 5 点。

第一，完善地方政府融资管理。从顶层设计层面构建地方政府融资管理的法律制度框架。中央应根据各地区债务风险、财力状况等实际情况，统筹考虑中央确定的重大项目支出、融资需求等情况确定地方政府债务限额以保障债务资金使用的合理。在法律上规定地方债务限额并依法确定发债规模与开展发债程序，保证资金投入到经济效率更高的领域。严格限制地方政府以组建地方政府融资平台的方式获得银行贷款。核实融资平台借债主体、债务资金流向、债务投向、还款来源等，厘清政府债务与融资平台债务的边界，明确债务归属。

第二，要培育良好的债券市场，大力推行地方债券。随着以政府债券为主体的地方政府融资机制的构建，未来政府债券将成为地方政府融资的最主要方式，加强债券市场的规范化，以便良好的市场化氛围可以辅助地方政府合理科学运用债券资金。引导地方政府通过债券融资资金进入相关领域和重点项目，提升债券服务企业发展的能力，打开优质地方政府融资平台及其子公司通过发行债券等直接融资的渠道。

第三，加快各地区融资平台向市场化的投资运营公司转型。依法剥离融资平台的政府融资职能，摆脱其对地方政府的依赖性，限制其以政府担保名义向银行借债；妥善处理地方政府融资平台存量债务，严格规范融资平台公益性资产管理，加快优质资产注入和政策支持，提升平台发行债券等手段的市场化融资能力；加快建立健全地方政府融资平台的现代企业制度，加强融资平台资金运作的监督管理，建立审计财务监管制度，强化融资平台“自主经营、自负盈亏、自担风险、自我发展”的市场化运营模式。

第四，加快金融市场改革，着力避免银行信贷歧视。要进一步保障公平竞争的市场环境，使市场在资源配置中起决定性作用。“硬化”地方政府预算约束，彻底切断政府对融资平台的隐性担保；应继续推进各类银行的市场化和法治化进程，弱化信贷歧视，营造公平的融资环境；加强对直接融资市场的发展和维护，建立地方政府直接融资的市场，促进地方政府融资从间接融资为主转向直接融资为主，促进直接融资更好地服务于地方经济发展。

第五，加大地方政府融资资金对新型基础设施的投资。可以采用政府和社会资本合作的模式，通过少量的政府融资收入来撬动大量社会资本投入，这不仅是地方政府财政资金压力较大的客观要求，也是地方政府融资日益规范背景下的可行方法；同时，地方可以通过基建专项债的方式加大投入，也可以引入各类产业投资基金、基础设施建设投资基金等优先支持新型基础设施项目建设；此外，鼓励和引导企业债投入新型基础设施建设。

参考文献

[1] 司海平 . 地方债务融资与官员晋升机制 [D]. 山东大学，2018.

[2] 陈诗一，汪莉 . 中国地方债务与区域经济增长 [J]. 学术月刊，2016（6）.

[3] 陈菁，李建发 . 财政分权、晋升激励与地方政府债务融资行为——基于城投债视角的省级面板经验证据 [J]. 会计研究，2015（1）.

[4] 黄春元，毛捷 . 财政状况与地方债务规模——基于转移支付视角的新发现 [J]. 财贸经济，2015（6）.

[5] 吕健 . 地方债务对经济增长的影响分析——基于流动性的视角 [J]. 中国工业经济，2015（11）.

[6] 文雪婷，冯明 . 地方政府债务与信托融资行为研究 [J]. 经济学报，2017（2）.

[7] 钟辉勇，陆铭 . 财政转移支付如何影响了地方政府债务 ?[J]. 金融研究，2015（9）.

[8] 徐长生，程琳，庄佳强 . 地方债务对地区经济增长的影响与机制——基于面板分位数模型的分析 [J]. 经济学家，2016（5）.

[9] 范剑勇，莫家伟 . 地方债务、土地市场与地区工业增长 [J]. 经济研究，2014（1）.

[10] 项后军，巫姣，谢杰 . 地方债务影响经济波动吗 [J]. 中国工业经济，2017（1）.

[11] 罗党论，佘国满 . 地方官员变更与地方债发行 [J]. 经济研究，2015（6）.

[12] 龚强，王俊，贾珅 . 财政分权视角下的地方政府债务研究：一个综述 [J]. 经济研究，2011（7）.

[13] 米璨 . 我国地方政府投融资平台产生的理论基础与动因 [J]. 管理世界，2011（3）.

[14] 韩鹏飞，胡奕明 . 政府隐性担保一定能降低债券的融资成本吗 ?——关于国有企业和地方融资平台债券的实证研究 [J]. 金融研究，2015（3）.

[15] 陆远权，郑威，李晓龙 . 中国式分权、引资竞争与地方债务规模——基于空间关联视角 [J]. 西南民族大学学报（人文社科版），2016（6）.

[16] 姜子叶，胡育蓉 . 财政分权、预算软约束与地方政府债务 [J]. 金融研究，2016（2）.

[17] 贾康 . 地方债务应逐步透明化 [J]. 中国金融，2010（16）.

[18] 缪小林，伏润民 . 地方政府债务对县域经济增长的影响及其区域分化 [J]. 经济与管理研究，2014（4）.

[19] 杨十二，李尚蒲 . 地方政府债务的决定：一个制度解释框架 [J]. 经济体制改革，

2013（2）.
[20] 安国俊 . 建立地方政府市场化投融资机制 [J]. 中国金融，2013（7）.
[21] 贾俊雪，郭庆旺 . 财政规则、经济增长与政府债务规模 [J]. 世界经济，2011（1）.
[22] 杨灿明，鲁元平 . 我国地方债数据存在的问题、测算方法与政策建议 [J]. 财政研究，2015（3）.
[23] 庞保庆，陈硕 . 央地财政格局下的地方政府债务成因、规模及风险 [J]. 经济社会体制比较，2015（5）.
[24] 牛霖琳，洪智武，陈国进 . 地方政府债务隐忧及其风险传导——基于国债收益率与城投债利差的分析 [J]. 经济研究，2016（11）.
[25] 罗荣华，刘劲劲 . 地方政府的隐性担保真的有效吗？——基于城投债发行定价的检验 [J]. 金融研究，2016（4）.
[26] 方红生，张军 . 中国地方政府竞争、预算软约束与扩张偏向的财政行为 [J]. 经济研究，2009（12）.
[27] 王永钦，陈映辉，杜巨澜 . 软预算约束与中国地方政府债务违约风险：来自金融市场的证据 [J]. 经济研究，2016（11）.
[28] 司海平，魏建，刘小鸽 . 土地财政与地方政府债务陷阱——基于发债动机与偿债能力的双重视角 [J]. 经济经纬，2016（4）.
[29] 邵雪亚 ."以地融资" 视角下的地方政府债务及风险研究 [D]. 浙江大学，2014.
[30] 孙国伟，孙立坚 . 地方财政搭便车、财政货币承诺与地方债务治理 [J]. 世界经济研究，2013（2）.
[31] 梁帅 . 地方政府债务管理、财政政策转向与经济增长 [J]. 管理世界，2017（4）.
[32] 王柏杰 . 地方政府行为与债务积累的理论逻辑 [J]. 经济学家，2014（10）.
[33] 司海平，刘小鸽，范玉波 . 地方债务发行与产业结构效应 [J]. 经济评论，2017（1）.
[34] 何杨，满燕云 . 地方政府债务融资的风险控制——基于土地财政视角的分析 [J]. 财贸经济，2012（5）.
[35] 王刚，韩立岩 . 我国市政债券管理中的风险防范与控制研究 [J]. 财经研究，2003（7）.
[36] 巴曙松，王劲松，李琦 . 从城市化角度考察地方债务与融资模式 [J]. 中国金融，2011（19）.
[37] 吕健 . 政绩竞赛、经济转型与地方政府债务增长 [J]. 中国软科学，2014（8）.
[38] 黄健，毛锐 . 地方债务、政府投资与经济增长动态分析 [J]. 经济学家，2018（1）.
[39] 郭玉清，孙希芳，何杨 . 地方财政杠杆的激励机制、增长绩效与调整取向研究 [J]. 经济研究，2017（6）.
[40] 郭玉清 . 逾期债务、风险状况与中国财政安全——兼论中国财政风险预警与控

[78] 陈淑云，曾龙．地方政府土地出让行为对产业结构升级影响分析——基于中国281个地级及以上城市的空间计量分析 [J]. 产业经济研究，2017（6）.
[79] 张军，高远，傅勇，张弘．中国为什么拥有了良好的基础设施 ?[J]. 经济研究，2007（3）.
[80] 宋凌云，王贤彬．政府补贴与产业结构变动 [J]. 中国工业经济，2013（4）.
[81] 余靖雯，肖洁，龚六堂．政治周期与地方政府土地出让行为 [J]. 经济研究，2015（2）.
[82] 张莉，徐现祥，王贤彬．地方官员合谋与土地违法 [J]. 世界经济，2011（3）.
[83] 张延，赵艳朋．财政分权、晋升激励与基础设施投资——基于中国省级面板数据的空间计量分析 [J]. 经济问题探索，2017（12）.
[84] 徐军伟，毛捷，管星华．地方政府隐性债务再认识——基于融资平台公司的精准界定和金融势能的视角 [J]. 管理世界，2020（9）.
[85] 张治栋，李发莹．基础设施、空间溢出与产业结构升级——基于长江经济带地级市的实证分析 [J]. 云南财经大学学报，2019（5）.
[86] 张学良．中国交通基础设施促进了区域经济增长吗——兼论交通基础设施的空间溢出效应 [J]. 中国社会科学，2012（3）.
[87] 郭凯明，潘珊，颜色．新型基础设施投资与产业结构转型升级 [J]. 中国工业经济，2020（3）.
[88] 田国强，赵旭霞．金融体系效率与地方政府债务的联动影响——民企融资难融资贵的一个双重分析视角 [J]. 经济研究，2019（8）.
[89] 余明桂，潘红波．政治关系、制度环境与民营企业银行贷款 [J]. 管理世界，2008（8）.
[90] 方红星，金玉娜．公司治理、内部控制与非效率投资：理论分析与经验证据 [J]. 会计研究，2013（7）.
[91] 沈红波，寇宏，张川．金融发展、融资约束与企业投资的实证研究 [J]. 中国工业经济，2010（6）.
[92] 张杰，郑文平，翟福昕．融资约束影响企业资本劳动比吗 ?——中国的经验证据 [J]. 经济学（季刊），2016（3）.
[93] 李宏亮，谢建国．融资约束与企业成本加成 [J]. 世界经济，2018（11）.
[94] 李扬，张晓晶．“新常态”：经济发展的逻辑与前景 [J]. 经济研究，2015（5）.
[95] 丘海雄，徐建牛．产业集群技术创新中的地方政府行为 [J]. 管理世界，2004（10）.
[96] 顾元媛，沈坤荣．地方政府行为与企业研发投入——基于中国省级面板数据的实证分析 [J]. 中国工业经济，2012（10）.
[97] 张建顺，匡浩宇．地方债治理促进了企业创新吗？——来自上市公司的经验证

据 [J]. 国际金融研究，2021（6）.
[98] 陈旭东，杨硕，周煜皓 . 地方政府债务对区域企业创新的影响——基于“隐性债务显性化”视角的探讨 [J]. 南开经济研究，2021（4）.
[99] 熊虎，沈坤荣 . 地方政府债务对创新的挤出效应研究 [J]. 经济科学，2019（4）.
[100] 蔡晓慧，茹玉骢 . 地方政府基础设施投资会抑制企业技术创新吗？——基于中国制造业企业数据的经验研究 [J]. 管理世界，2016（11）.
[101] 周世愚 . 地方政府债务风险：理论分析与经验事实 [J]. 管理世界，2021（10）.
[102] 龙小燕，赵全厚，黄亦炫 . 地方政府专项债券的问题解析与制度完善 [J]. 经济纵横，2021（4）.
[103] 孙宏鹏，苏婵媛，边赛 . 地方政府隐性债务的风险传导、影响与治理对策 [J]. 银行家，2021（12）.
[104] 毛锐，刘楠楠，刘蓉 . 地方政府债务扩张与系统性金融风险的触发机制 [J]. 中国工业经济，2018（4）.
[105] 李郇，洪国志，黄亮雄 . 中国土地财政增长之谜——分税制改革、土地财政增长的策略性 [J]. 经济学（季刊），2013（4）.
[106] 郭艳茹 . 中央与地方财政竞争下的土地问题：基于经济学文献的分析 [J]. 经济社会体制比较，2008（2）.
[107] 周飞舟 . 大兴土木：土地财政与地方政府行为 [J]. 经济社会体制比较，2010（3）.
[108] 钟宁桦，陈姗姗，马惠娴，王姝晶 . 地方融资平台债务风险的演化——基于对“隐性担保”预期的测度 [J]. 中国工业经济，2021（4）.
[109] 冀云阳，付文林，杨寓涵 . 土地融资、城市化失衡与地方债务风险 [J]. 统计研究，2019（7）.
[110] 毛文峰，陆军 . 土地资源错配、城市蔓延与地方政府债务——基于新口径城投债数据的经验证据 [J]. 经济学家，2020（4）.
[111] 梅冬州，温兴春，王思卿 . 房价调控、地方政府债务与宏观经济波动 [J]. 金融研究，2021（1）.
[112] 张忆东，李彦霖，蒋仕卿 . 地方政府能成为稳增长的援军吗 [R]. 2012.
[113] Mikesell，J. L. Tax Expenditure Budgets，Budget Policy，and Tax Policy：Confusion in the States[J]. Public Budgeting & Finance，2002，22（4）：34–51.
[114] Garman，C.，et al. Fiscal Decentralization：A Political Theory with Latin American Cases[J]. World Politics，2001，53（2）：205–236.
[115] Rodden，J. Reviving Leviathan：Fiscal Federalism and the Growth of Government[J]. International Organization，2003，57（4）：695–729.

[116] Bird, R. M., Tassonyi, A. T. Constraints on Provincial and Municipal Borrowing in Canada: Markets, Rules, and Norms[J]. Canadian Public Administration, 2001, 44 (1): 84–109.

[117] Baum, A., et al. Debt and Growth: New Evidence for the Euro Area[J]. Journal of International Money & Finance, 2013, 32 (1): 809–821.

[118] Bohn, H. The Behavior of U. S. Public Debt and Deficits[J]. Quarterly Journal of Economics, 1998, 113 (3): 949–963.

[119] Mendoza, E. G., Ostry, J. D. International Evidence on Fiscal Solvency: Is Fiscal Policy Responsible?[J]. Imf Working Papers, 2008, 55 (6): 1081–1093.

[120] Lo, S., Rogoff, K. Secular Stagnation, Debt Overhang and Other Rationales for Sluggish Growth, Six Years On[J]. Social Science Electronic Publishing, 2015.

[121] Cochrane, J. H. Understanding Policy in the Great Recession: Some Unpleasant Fiscal Arithmetic[J]. European Economic Review, 2011, 55 (1): 2–30.

[122] Borio, C., Furfine, C., Lowe, P. Procyclicality of the Financial System and Financial Stability: Issues and Policy Options[J]. Bis Papers Chapters, 2001, 6 (1): 1–57.

[123] Laubach, T. New Evidence on the Interest Rate Effects of Budget Deficits and Debt[J]. Journal of the European Economic Association, 2009, 7 (4): 858–885.

[124] Nadiri, M.I. Infrastructure and Public R & D Investments, and the Growth of Factor Productivity in US Manufacturing Industries[J]. Working Papers, 1994, 4845.

[125] Greenlaw, D., et al. Crunch Time: Fiscal Crises and the Role of Monetary Policy[J]. Nber Working Papers, 2013.

[126] Wildasin, D. E. Fiscal Competition in Space and Time[J]. Journal of Public Economics, 2003, 87 (11): 2571–2588.

[127] Acharya, V. V., Xu, Z. Financial Dependence and Innovation: The Case of Public versus Private Firms[J]. Journal of Financial Economics, 2017, 124 (2): 223–243.

[128] Blanchard, O. J. Debt, Deficits, and Finite Horizons[J]. Journal of Political Economy, 1985, 93 (2): 223–247.

[129] Saintpaul, G. Fiscal Policy in an Endogenous Growth Model[J]. Quarterly Journal of Economics, 1992, 107 (4): 1243–1259.

[130] Woo, J., Kumar, M. S. Public Debt and Growth[J]. Economica, 2015, 82 (328): 9–13.

[131] Czarnitzki D., Hussinger K. The Link between R & D Subsidies, R & D Spending and Technological Performance [J]. ZEW Discussion Papers, 2004, (1).

[132] Baldacci E., Clements B., Gupta S., et al. Social Spending, Human Capital, and Growth in Developing Countries [J]. World Development, 2008, 36 (8): 1317–1341.

[133] Aikman, D., et al. Curbing the Credit Cycle[J]. Economic Journal, 2015, 125 (585): 1072–1109.

[134] Bikker, J., Hu, H. Cyclical Patterns in Profits, Provisioning and Lending of Banks and Procyclicality of the New Basel Capital Requirements[J]. BNL Quarterly Review, 2002, 221.

[135] Tsionas, E., et al. Stylized Facts of Money and Credit over the Business Cycles[J]. Applied Financial Economics, 2011, 21: 1735–1755.

[136] Xu, C. The Fundamental Institutions of China' s Reforms and Development[J]. Journal of Economic Literature, 2011, 49 (4): 1076–1151.

[137] Pereira, A., Andraz, J. Public Investment in Transportation Infrastructures and Industry Performance in Portugal[J]. Department of Economics, College of William and Mary, Working Papers, 2006, 32.

[138] Kongsamut, P., et al. Beyond Balanced Growth[J]. Review of Economic Studies, 2010, 68 (4): 869–882.

[139] Gollin, D., et al. Farm Work, Home Work and International Productivity Differences[J]. Review of Economic Dynamics, 2004, 7 (4): 827–850.

[140] Gollin, D., et al. The Role of Agriculture in Development[J]. 2002: 160–164.

[141] Ngai, L. R., Pissarides, C. A. Structural Change in a Multisector Model of Growth[J]. American Economic Review, 2007, 97 (1): 429–443.

[142] Michaels, G., et al. Urbanization and Structural Transformation[J]. Quarterly Journal of Economics, 2012, 127 (2): 535–586.

[143] Rauch, J. E. Bureaucracy, Infrastructure, and Economic Growth: Evidence from U.S. Cities during the Progressive Era[J]. The American Economic Review, 1994, 85 (4): 968–979.

[144] Justman, M. Infrastructure, Growth and the Two Dimensions of Industrial Policy[J]. The Review of Economic Studies, 1995, 62 (1): 131–157.

[145] Cooper. L. Location–allocation Problems[J]. Operations research, 1963, 11 (3): 331–343.

[146] Teitz, M. B. Toward a Theory of Urban Public Facility Location[J]. 1968, 21: 35–51.

[147] Rich, R. C. Neglected Issues in the Study of Urban Service Distributions: A Research Agenda. Urban Studies, 1979, 16 (2): 143–156.

[148] Panizza，U.，et al. Public Debt and Private Firm Funding：Evidence from Chinese Cities[J]. 2016.

[149] Liang，Y.，et al. Local Government Debt and Firm Leverage：Evidence from China[J]. Asian Economic Policy Review，2017，12（2）：210–232.

[150] Li，C.，et al. Alleviating Multi–dimensional Poverty through Land Transfer：Evidence from Poverty–stricken Villages in China[J]. China Economic Review，2021，69：101.

[151] Chen，T.，Kung，J. K. S. Do Land Revenue Windfalls Create a Political Resource Curse? Evidence from China[J]. Journal of Development Economics，2016，123：86–106.

[152] Aghion，P.，et al. Competition and Innovation：An Inverted U—Relationship[J]. National Bureau of Economic Research，2002.

[153] Hashmi，A. R. Competition and Innovation：The Inverted–U Relationship Revisited[J]. The Review of Economics and Statistics，2013，95（5）：1653–1668.

[154] Hsu，P.，et al. Financial Development and Innovation：Cross–country Evidence[J]. Journal of Financial Economics，2014，112（1）：116–135.

[155] Alegre，J.，et al. A Measurement Scale for Product Innovation Performance[J]. European Journal of Innovation Management，2006，9（4）：333–346.

[156] Li，L. C. Central–local Relations in the People's Republic of China：Trends，Processes and Impacts for Policy Implementation[J]. Public Administration & Development，2010，30（3）：177–190.

[157] Atkeson，A.，Burstein，A. Innovation，Firm Dynamics，and International Trade[J]. Journal of Political Economy，2010，118（3）：433–484.

[158] Bloom，N.，et al. A Trapped–factors Model of Innovation[J]. The American Economic Review，2013，103（3）：208–213.

[159] Kasahara，H.，Rodrigue，J. Does the Use of Imported Intermediates Increase Productivity? Plant–level Evidence[J]. Journal of Development Economics，2008，87（1）：106–118.

[160] Lu，Y.，Ng，T. Do Imports Spur Incremental Innovation in the South[J]. China Economic Review，2012，23（4）：819–832.

[161] Wang，Z.，Yu，Z. Trading Partners，Traded Products and Firm Performances of China's Exporter–importers：Does Processing Trade Make a Difference?[J]. The World Economy，2012，35（12）：1795–1824.

[162] Li，H.，Zhou，L. A. Political Turnover and Economic Performance：The Incentive Role of Personnel Control in China[J]. Journal of Public Economics，2005，89（9）：

1743–1762.

[163] Zhou, L. The Administrative Subcontract: Significance, Relevance and Implications for Intergovernmental Relations in China[J]. Chinese Journal of Sociology, 2016, 2 (1): 34–74.

[164] Qian, Y., Roland, G. Federalism and the Soft Budget Constraint[J]. American Economic Review, 1998, 88 (5): 1143–1162.

[165] Blanchard, O., Shleifer, A. Federalism with and without Political Centralization: China versus Russia[J]. IMF Staff Papers, 2001, 48 (1): 171–179.

[166] Tsui, K. Y., Wang, Y. Between Separate Stoves and a Single Menu: Fiscal Decentralization in China[J]. China Quarterly, 2004, 177 (177): 71–90.